Das Matriarchat

Gesellschaft des Mutterrechtes

Das Matriarchat

Gesellschaft des Mutterrechtes

Steffen Fuchs

Autor: Steffen Fuchs
Coverdesign: Steffen Fuchs
ISBN: 9789462547162
Verlag: Mein Bestseller
Veröffentlicht: 2014

Nur in mutterrechtlichen Gesellschaften sind Männer frei, von der Zwangsvorstellung, ihre Männlichkeit Tag und Nacht, unter Beweis stellen zu müssen.

Inhaltsverzeichnis

Prolog

Entgegen anders lautender Behauptungen, hat es das Matriarchat sehr wohl gegeben.

Und auch in unserer Gegenwart exisitiert es, wenn auch nur noch vereinzelt und teilweise mehr oder weniger rudimentär, weiter. Und das sogar auf sogar auf mehreren Kontinenten wie z. B. *Asien, Amerika* und *Afrika.*

Das Matriarchat war und ist zusammengefasst eine Gesellschaftsform mit folgenden Merkmalen:

- *Keine* Frauenherrschaft, sondern *Gleichberechtigung* von Frau und Mann
- *Friedliche* Gesellschaftsform (fast keine Kriege)
- *Matrilineare* Abstammungslinie in Sippen, d: h: keine Familien im heutigen Sinn, sowie
- eine ökonomische *Ausgleichsgesellschaft,* ohne privaten Reichtum und ohne Herrschaft.

Matriarchat bedeutet die Harmonie von *Mensch, Gemeinschaft und Kosmos.* Das Erfolgsgeheimnis besteht darin, alle drei Ebenen mit einander zu verbinden.

Die Rituale des Gemeinschaftslebens verhindern Egoismus und Machtkonzentration. Die Gemeinschaft erwartet und fördert soziales Verhalten und umgekehrt, lehnt sie unsoziales Verhalten ab und sanktioniert es.

Jeder Einzelne ist wichtig, wird gehört, ernst genommen und alle bemühen sich *freiwillig*, für ihre Gemeinschaft das Beste zu erreichen.

Heute sind es nicht mehr allzu viele Völker, die matriarchal leben, da die meisten der Gewalt der patriarchalen Barbaren erlegen sind, ausgerottet wurden oder in hohe Bergregionen verdrängt wurden.

Ich werde in diesem Buch alle Facetten des Matriarchats beleuchten, auch die *Spiritualität.* Aufgrund meiner *persönlichen* Erfahrungen und Einschätzung, *distanziere* ich mich allerdings von diesen *Lehren* bzw. *Praktiken,* da sie meiner Meinung nach alle dem *Okkulten* entstammen.

Ich persönlich wäre sehr froh, wenn es wirklich eine Gottmutter geben würde, aber dies ist nicht der Fall. Es gibt leider nur den Gott der Bibel und alle anderen Religionen bzw. jede andere Form der Spiritualität ist dämonischen Ursprungs. Das wird einem mit einiger Erfahrung im Bereich des Okkulten, heute verharmlosend Esoterik genannt, schnell klar.

Die gesamte Symbolik, Mythen und Praktiken sind sichere Indikatoren dafür. Deshalb rate ich allen LeserInnen davon ab, sich darauf einzulassen. Allerdings ist alles andere am Matriarchat, zumindest in seiner Reinform durchweg positiv und zu empfehlen.

Definition des Matriarchats

Etymologisch gesehen, ist *Matriarchat* ein künstliches und zusammengesetzes Wort.

Es ist eine Anlehnung an die Bezeichnungen *Mutterrecht* bzw. *Gynaikokratie*. Das Wort setzt sich aus dem lateinischen mater „Mutter“ und altgriechischen archein „herrschen, walten“ oder auch archē „Oberste-, Erste-“ oder „an der Spitze stehend“, zusammen.

Um ein häufiges Missverständnis zu vermeiden, muss man wissen, das archē zwar im Neugriechischen Macht bzw. Herrschaft bedeutet, aber im Altgriechischen hingegen Beginn, Anfang. Und so ist die letzteres die bessere Übersetzung, weil sie meint: am „Anfang war die Mutter” und *nicht* Mutterherrschaft. Denn es gibt keine Herrschaftsstruktur oder Unterdrückung in der *matriarchalen* Gesellschaft.

Die **Basiselemente** des Matriarchats sind:

- eine *dominierende Rolle der Frau* in Gesellschaft und Politik
- Bestimmung von Rechtsverhältnissen der Abstammung, Erbschaft, Familie und Wohnung durch die *Mutterlinie* (*Matrilinearität, & Matrilokalität*)
- Verehrung *weiblicher* Gottheiten

Man kann diesen Gesellschaftstyp auf folgenden vier Ebenen definieren:

- **Soziale Ebene:** *Matrilinearität* und *Matrilokalität.*
- **Politische Ebene:** *Egalitäre* und *herrschaftsfreie* Gesellschaften. *Konsensdemokratie.*
- **Ökonomische Ebene:** Garten- oder Ackerbau in *Subsistenzwirtschaft.* Kein Privateigentum.
- **Spirituelle Ebene:** *Ahnenkult.* Die Natur gilt als heilig. *Göttinenverehrung.*

Matrilineare Generationenfolge bedeutet: *Großmutter, Mutter, Tochter* und alle, die von der *weiblichen* Linie abstammen: Brüder, Onkel usw. Und die Verwandschaftsbeziehungen werden jeweils von der Zugehörigkeit zur *Mutter* abgeleitet.

Matrilokalität meint, dass der *Wohnsitz bei der Mutter* liegt, sowohl was die Töchter wie auch Söhne anbetrifft und das die Häuser sich ebenfalls im Besitz der Frauen befinden.

Die Lebensbedingungen für Kinder im Matriarchat, sind nahezu *optimal,* denn es gibt viel Körperkontakt und Getragenwerden, *alle Sippenmitglieder* kümmern sich um Kinder, wenn die das wollen. Es besteht *bedingungslose* Akzeptanz des Einzelnen *ohne* Leistungsforderung, sowie *Vertrauen* in soziale Fähigkeiten der Kinder. Ergebnis: **keine** Persönlichkeitsstörung.

Subsistenzwirtschaft bedeutet, dass *zur Befriedigung der Sippenbedürfnisse* gewirtschaftet wird und *nicht* zum Zweck Überschuß oder Profit zu erzielen. Alles gehört der Sippe, kein Privatbesitz, kein Erbe. Besonders reiche Sippen organisieren Feste, um Reichtum zu verteilen. Die Frauen haben im Matriarchat, die Kontrolle über die wesentlichen Lebensgüter. Das Ideal ist *Verteilung* und *Ausgleich* und *nicht* Akkumulation.

Die Frauen arbeiten mehr im Haus und beim Ackerbau, Männer jagen mehr oder halten Kontakt zu anderen Sippen und organisieren politische Entscheidungen. Aber jede(r) kann alles machen, meistens gibt es keine feste Rollenverteilung, Bevorzugungen oder Benachteiligungen.

In *matriarchalen* Gesellschaften, geht man in der Regel davon aus, dass eine **Göttin** bzw. **Gottmutter** alles erschaffen hat. Desweiteren wird auch **Mutter Erde** als Lebensspenderin angesehen und verehrt. Da die Frau ebenso Leben spenden kann, gilt auch sie als heilig.

Das **Lustprinzip** gilt sowohl bei Arbeit und in der Liebe. Die Voraussetzung dafür ist kein *Privatbesitz*, keine *Ausbeutung*, kein *Arbeitszwang*, und keine *Herrschaftsstrukturen*. Es wird einfach im Hier und Jetzt gelebt. Arbeit wird so organisiert, dass Monotonie und Langeweile vermieden wird.

Alle notwendigen Entscheidungen, werden von allen im **Konsens** getroffen, ansonsten entscheidet die *Sippenälteste*. Jede Sippe entsendet *weibliche*, wie *männliche* Delegierte für Dorf- oder Stadtteilversammlungen, auf denen Entscheidungen abgestimmt werden müssen. Es gibt kein zentrales Herrschaftssystem, kein Großreich, sondern lediglich regional organisierte Gemeinschaften ohne Machtapparate. Die Grundlage hierfür ist **Freiwilligkeit** und **Respekt** vor allen anderen in der *Gemeinschaft*.

Das Matriarchat ist eine total andere Gesellschaftsform als das Patriarchat. Das zeigt sich besonders daran, dass sie weder eine zentrale Herrschaftsinstanz noch Kriege oder Gewalt als Konfliktlösungen akzeptiert.

Die Widersprüche unserer Gesellschaft sind diesem Gesellschaftssystem unbekannt - Arbeit und Freizeit, Mann und Frau, Kunst und Kommerz, Theorie und Praxis, Leben und Tod, Wissenschaft und Glaube, Kultur und Technik – all das sind im *Matriarchat* Aspekte des Lebens, die als gegenseitige *Ergänzung* und *nicht* als Widerspruch angesehen werden.

Matriarchate sind also alles andere, als die Umkehrung des Patriarchates, im dem Sinne, dass dort die Frauen über die Männer herrschen. *Matriarchate* sind *mutterzentrierte* Gesellschaften, welche auf *mütterlichen Werten* beruhen, wie pflegen, ernähren, Fürsorglichkeit und Frieden.

Die *matriarchale* Gesellschaft, ist determiniert durch die *mütterliche* Liebe zu ihren Kindern und erzeugt die Tugenden des *Altruismus, Humanismus, Fürsorge, Mitleid, Pflege, Verantwortungsbewusstsein* und *Hingebung*, Die Mütter setzen ihre soziale Macht zum Schutz der Schwachen ein. Dies tut sie im Rahmen ihrer Gestaltungskraft der Gesellschaft.

Ein weiteres spezifisches Kennzeichen *matriarchaler* Kulturen ist das *zyklisches* Verständnis der Welt im Gegensatz zum *linearen* Weltbild des Patriarchats. Das *zyklische* Weltbild ist quasi ein *Äquivalent* der *natürlichen Zyklen* wie den *Jahreszeiten*, dem *Mondzyklus* sowie dem monatlichen *Menstruationszyklus* der Frau. Man achtet diese Zyklen und das Wissen um die Notwendigkeit jeder Phase eines Zyklus ist dort selbstverständlich.

Die Bedürfnisse von *Mensch* und *Natur* bilden deshalb, nach ihren natürlichen Rhythmus, das Zentrum des alltäglichen Lebens.

Hierbei ist die *Menstruation* der Frau, als Ausdruck des Zyklus von Werden, Leben, Tod der wichtigste Zyklus im Matriarchat. Denn die Frau erlebt dadurch in sich, den Kreislauf des Lebens. Sie hat somit eine unmittelbare Verbindung zu *Mutter Erde* und den Rhythmen des Kosmos.

Auch der Kontext mit dem Mondzyklus ist evident. Und so orientierten sich die ersten Kalender auch an diesem und waren *Mondkalender*, welche das Jahr in dreizehn Mondmonate einteilten. Dieses Wissen wurden im *europäischen* Kulturraum beinahe vollständig vernichtet und durch *lineares* Denken sowie die Einführung des *solaren* Kalendersystems ersetzt. Erst in jüngerer Vergangenheit, wurde das alte Wissen wieder entdeckt.

Matriarchale Spiritualität

In der Altsteinzeit gab es nur eine *Göttin* - keinen *Gott*. Da die Rolle des Mannes bei der Entstehung neuen Lebens noch nicht bekannt war – verkörperte die Frau bzw. die Göttin den Kreislauf des Lebens und der Natur.

Im Prinzip hielten früher alle die Frauen für die Urheberinnen der religiösen Gebräuche; und an diesen lag es auch, ihre Männer zur sorgfältigen Verehrung der Göttin, zu Festen und zum Gebet anzuhalten; denn selten tat das ein Mann, der für sich lebt von sich aus.

Diese *Spiritualität* hatte eine kosmische Dimension, weil sie nicht auf Menschen begrenzt war, sondern den gesamten Kosmos umfasste, also auch *Tiere, Pflanzen, Wasser, Erde, Luft* und *Feuer*. Diese Religion, mit ihren Werten diente der Natur und damit dem Leben der Menschen. Dabei war die *Frau* die *Trägerin* der *Religion*.

In dieser war Anfang und Ende des Lebens, die Natur, Mutter Erde, die das Leben gibt und wieder nimmt. Nach der Maxime ‚Wie auf Erden, so im Himmel', schufen die Menschen ihre Zustände auf der Erde und bilden nach jenem Motto ihre Ordnung. Die Frau bekommt die Kinder, also ist sie die ewige Schöpferin, der Mann ist das vergängliche Geschöpf, das die Liebe jedoch nicht entbehren muss.

Die *ehrfurchtsvolle* Verehrung der *Natur* in der Religion ist ein spezifischer Zug dieser *matriarchalen* Kultur. Dies schließt deshalb geleichzeitig ihre Zerstörung *grundsätzlich* aus. Musik und Tanz werden zu Ehren der Göttin gepflegt, meist mit sinnvollem, symbolträchtigem Hintergrund.

Es geht dabei um die Verehrung aller *regenerativen* Kräfte und die Religion heiligt die Frau als *Erhalterin des Lebens*. Das Weib als Schöpferin wird gesegnet, denn der Gebärakt ist etwas *Heiliges*. Den Mysterium des Lebens und der Geburt wird große Achtung entgegengebracht.

Die *Geburt*, der *Tod* und *Wiedergeburt* der *Natur* als natürliche Vorgänge, auch für die *Menschen*, stehen dabei im Zentrum.

Die *Göttin* als ein *starkes, aktives, positives* Frauenbild spiegelt die *Gesetze* und die Macht der Natur wieder und ist dadurch ein Vorbild für *heranwachsende* Mädchen.

Der Mensch tritt in liebevolle Beziehung mit der Göttin, die Menschen danken der Göttin mit Obst und Getreideopfern, davon ist das heutige *Erntedankfest* abgeleitet. Man bittet die Göttin in Sing- und Tanzritualen um weiterhin gute Fruchtbarkeit der Mutter Erde.

Das alles kommt ohne Prachtbauten und Priesterkasten aus. Die Zeremonien spielen sich meist auf Bergen, heiligen Hainen oder in der Gemeinschaft ab, wobei die Frauen die Kulturträgerinnen (Priesterin) ist. Jedoch machen alle beim Ritual mit. Priesterinnen sind normale Stammesmitglieder.

Das ganze Universum wird als *weiblich*, *beseelt* und *lebendig* betrachtet, als *schöpferischmütterliches* Prinzip und das schließt deren *Ausbeutung* aus.

Die Mutter schenkt den Kindern das Leben, dafür wird sie geehrt, auch spirituell. Frauen sind die Priesterinnen. Sie kennen keine Hierarchie, haben keine Vorteile und arbeiten beim Suchen und Anpflanzen der Lebensmittel wie alle anderen auch mit.

Die weibliche „Große Mutter" oder „Mutter Erde" ist völlig selbstverständlich und genauso logisch, wie das Kinderkriegen der Frauen und leitet sich auch daraus ab.

Die *Naturgesetze* sind die *Weisheit* der *Göttin* und diese Weisheit wird nach *matriarchaler* Überzeugung von der *Göttin*, über die *Muttermilch* an die Menschen weitergegeben.

Alles Geschaffene der Erde gilt als Mannifestation dieser einen Naturmacht. Die ersten Göttinnen gebären die Erde, die Sterne und alles andere, ohne je einen Mann gesehen zu haben, also jungfräulich. Es gab ja noch keine Männer vor der Erschaffung der Welt.

Eine *Dreifaltigkeit* gibt es hierbei jedoch nicht, die Göttin ist all-eins, hat allumfassende Seins-Macht. Sie ist die eine Ordnung, die der Natur innewohnt. Die Zahl *Drei* ist wegen der drei *Mond*- und *Lebensphasen* (Auferstehung, Leben und Tod) heilig. *Weiß-Rot-Schwarz* stehen für die drei Lebensalter einer Frau: *Jungfrau*, *Mutter* und *weise Alte*. Und somit wurde das Leben der Frau in diese *drei* Phasen eingeteilt. Alle drei sind heilig. Jungfrau ist eine Frau die noch kein Kind geboren hat. Somit ist jedes Erstgeborene eine Jungfrauengeburt.

Die Frau ist zwar wie alles andere „göttlich", aber sie ist nicht die Göttin selbst, doch göttlich, da von der Göttin gezeugt. Es lohnt sich über diese Unterscheidung nachzudenken.

Die Heilige Hochzeit

Die „Heilige Hochzeit" ist das *wichtigste* und deshalb zugleich *größte Jahreszeitenfest* im *Matriarchat.* Es findet zur Zeit der *Sommersonnenwende* am 21. Juni statt, dem Höhepunkt der Naturkräfte.

Die geschlechtliche Vereinigung der *Göttin* mit dem *Gott,* sinnbildlich vollzogen von der Hohepriesterin des Frauenordens mit dem Hohepriester des Männerordens, symbolisierte die kosmische Kraft der zweigeschlechtlichen Liebe, die auch den Kreislauf des Lebens bewegt. Die Göttin überreicht ihrem Liebespartner einen Apfel und lädt ihn so zur *Heiligen Hochzeit* ein. Ein weiteres Symbol der *Heiligen Hochzeit* ist der Gral, eine Schale als Symbol des Schoßes der Göttin, in den ein Speer als Symbol des männlichen Elements getaucht wird.

Der Vollzug dieser *Heiligen Hochzeit* sollte die göttliche Lebenskraft mit der Natur und der Menschheit vereinigen um die Fruchtbarkeit und den Fortbestand des Lebens zu garantierten.

Sozialverhalten im Matriarchat

Das Sozialverhalten des *Matriarchats,* ist *grundlegend* anders, als in *patriarchalen* Gesellschaften.

Die *Frauen* bilden im *Matriarchat* eine *konstruktive Einheit,* mit großer *Solidarität* über alle Generationen hinweg. Durch diese *Solidarität,* werden sie alle getragen und wertgeschätzt. Die definitiv wichtigste soziale Beziehung ist im *Matriarchat* die *Mutter-Tochter-Beziehung.*

Die *Mutter-Tochter-Beziehung* sichert den Fortbestand der Sippe, ist praktisch deren *Fundament* und wird deshalb sehr hoch geachtet.

Der Mann hat im *Matriarchat* die Bedeutung, die ihm effektiv zukommt – nicht mehr und nicht weniger. Die Frau hat die Fähigkeit Leben zu schenken oder vorzuenthalten – wie die *Gottmutter.* In der *matriarchalen* Philosophie, ist das weibliche die *Basis,* aus welcher das männliche *überhaupt erst entsteht.*

Die *Akkumulation von Macht* oder auch deren *Glorrifizierung,* wird gekonnt verhindert. Die Frauen im Matriarchat, lehnen Männer mit *Imponier-* und *Machogehabe* ab, statt solcherlei *Habitus* anzuhimmeln, wie es in unserer Gesellschaft häufig geschieht.

Männliches *Imponiergehabe,* wie es sowohl bei Mensch und Tier beobachtbar ist, zum Zweck der Selektion bei *Balzritualen,* wird als *Gefahr* für die *Gemeinschaft* angesehen. Deshalb werden *Traditionen* gepflegt, die es ermöglichen, dieses dem Manne innewohnende Imponiergehabe, *sozialverträglich* zu kanalisieren. So gibt es im Matriarchat *keine* Arbeitslosigkeit, da Arbeitskraft erwünscht ist und jeder Mann sich somit nützlich machen kann.

Im *Matriarchat* wehren die Frauen sich gegen *würdelose* Behandlung, falls diese überhaupt vorkommt, denn in gewachsenen matriarchalen Gesellschaften ist dies meist nicht der Fall. Man könnte sagen, eher das Gegenteil, ist der Fall. Eine Reporterin der Zeitschrift *Marie Claire,* hat einmal gesagt, dass sie von Männern noch nie so *respektvoll* wie von den *Männern* der *Tuareg,* einem *matriarchal* lebenden Volk, behandelt worden ist.

Matrilinearität & Matrilokalität

Alle Matriarchate beruhen auf dem *Clan*. Die Mensch en leben in großen *Sippen* zusammen, die m*atrilinear,* d. h. abgeleitet von der *Verwandtschaft der Mutterlinie,* strukturiert sind.

Im *Matriarchat* wird alles, also der *Clanname, soziale Würde* oder auch *politische Titel* in der *mütterlichen Linie* vererbt, das meint der Begriff *Matrilinearität.* Ein *Matri-Clan* besteht in der Regel meist aus mindestens drei Generationen von Frauen: *Clanmutter* oder *Sippenälteste,* sowie deren *Schwestern,* deren *Töchter* und auch *Enkelinnen.* Es gehören aber auch die direkt verwandten Männer, also *Brüder der Clanmutter,* deren *Söhne* und *Enkel,* sowie die deren *Schwestern.*

Zur *Matrilinearität* gehört auch, dass die Frauen ihren von der Mutter abstammenden *Familiennamen,* niemals ablegen, sondern dass der Mann bei der Hochzeit diesen annimmt.

Eine solche *Großfamilie, Matri-Clan* oder *Sippe* genannt, lebt in einem recht großen Haus zusammen. Das können ein Dutzend oder sogar mehrere Dutzend Menschen sein. Die Frauen leben permanent oder anders gesagt, Zeit ihres Lebens hier, Männer nur solange sie *unverheiratet* sind. Dass *Töchter* und *Enkelinnen* das *Mutterhaus* niemals verlassen, da im Falle der Heirat der Mann zur Frau ins *mütterliche* Clanhaus zieht, wird als *Matrilokalität* bezeichnet. *Matrilinearität* und *Matrilokalität* gehören somit zusammen, denn das eine bedingt das andere.

Die Kinder gehören immer und *ausschließlich* zu den *Müttern* und damit auch deren *Clan* bzw. *Sippe*. Die Kinder tragen den *Clannamen* der *Mutter* und deshalb betrachten die Gatten oder Geliebten diese Kinder nicht als „ihre Kinder“, da sie nicht ihren Clannamen tragen. Jedoch tragen die *Schwesterkinder* den Clannamen der Männer, und deshalb betrachten diese ihre *Nichten* und *Neffen* als „ihre Kinder“, und kümmern sich besonders um diese.

Die *matriarchalen Clans* oder *Sippen* sind also durch die geltenden *Heiratsregeln* komplex miteinander verbunden. Es entsteht so ein Netz von *Verwandtschaftslinien*, indem alle Mitglieder einer Siedlung mehr oder weniger miteinander verwandt sind. Diese Verwandtschaft stellt ein gegenseitiges *Hilfssystem* nach festen Regeln dar. Diese nicht-hierarchisch, sondern *egalitär* organisierte Gesellschaft, versteht sich als großer Clan mit wechselseitigen Hilfsverpflichtungen. Man könnte also sagen, dass *Matriarchate* auf der *sozialen* Ebene *matrilineare Verwandtschaftsgesellschaften* darstellen.

Die Ehe im Matriarchat

In der Regel wird auch in matriarchalen Gesellschaften, eine Ehe geschlossen.

Wie dies vom *formalen* her geschieht, ist durchaus unterschiedlich. Bei matriarchalen Völkern, die fern ab der Zivilisation leben, wird dies meistens entsprechend deren Tradition durchgeführt. Es kann aber, wie im Fall der indischen *Khasi*, auch nach *religiösem* Gepflogenheiten, geschehen. In diesem Fall werden die Paare *christlich* getraut, da die *Khasi* zu fast 80 Prozent zum *Christentum* übergetreten sind.

Im *Matriarchat* suchen sich die *Frauen* ihre Partner und nicht umgekehrt. Die Frau tritt als *werbender* Teil auf, aber nicht um der *Sexualität*, sondern der *Liebe* willen. Es geht ihnen nicht wie hier den Männern, darum bewundert und versorgt zu werden. Der Mann zieht nach der Heirat zu seiner Frau, also in der Regel in das *Haus ihrer Mutter* und nimmt auch deren Nachnamen an. Die Frauen haben auch *definitiv* die *Autorität* im Hause bisweilen auch darüber hinaus. Der Frau oder der *Mutter* gehört das *Haus*, der *Boden* und sie hat auch die Hoheit über die *Finanzen*. Ebenso hat sie im Falle einer Scheidung, das *alleinige* Recht auf die Kinder.

Eine Ausnahme bilden hier, wie schon weiter vorne erwähnt, die *Musuo* in *China*. Hier gibt es die Ehe in keinster

Weise. Die Frauen hier, sehen diese als *Gefahr* bzw. *Einschränkung* ihrer *persönlichen Freiheit* an. Die Musuo parktizieren die „Besuchsehe", d. h. Der Mann lebt bei seiner Mutter im Haus und kommt nur abends seine Partnerin besuchen. Am nächsten Morgen verläßt er das Haus wieder. Deshalb sollte diese Praxis aber keinesfalls mit der in unserer Kultur verbreiteten *Promiskusität* verwechselt werden. Es bedeute keinesfalls, dass es sich dabei lediglich um kurzweilige Beziehungen handelt. Solche Partnerschaften können durchaus lange oder sogar *lebenslang* bestehen.

Nach meinen Information, gibt es in *Matriarchaten* auch keine *Vergewaltigungen,* denn die Frau gilt lebensspendes Wesen, als *heilig* und ist somit *unantastbar*. Sollte es dennoch vorkommen, so stellt dies ein schweres Verbrechen da und der Mann würde aus der Sippe und/oder Dorf verstoßen werden.

Nicht immer, aber sehr oft, gibt es in *Matriarchaten* das *Inzesttabu*. Das meint das Verbot, Ehepartner aus der eigenen Sippe, dem eigenen Clan oder Stamm zu wählen. Dort wo es dieses *Tabu* gibt, wird es *sehr streng* gehandhabt.

So werden dadurch größere soziale Einheiten als die Sippe oder das Dorf geschaffen, indem *Wechselheiraten* durchgeführt werden. Das bedeutet, dass alle jungen, ledigen Menschen einer Sippe, alle jungen, ledigen Menschen einer anderen Sippe heiraten. Dies führt dann zu so genannten *Verwandt schaftsgesellschaften.*

Matriarchale Erziehung

In matriarchalen Gesellschaften, werden *Kinder* nach der *Mutter* definiert und nach deren *Familienname* benannt.

Ein Kind kann seiner Mutter *niemals* weggenommen werden. Wie bereits erwähnt, ist speziell die *Mutter–Tochter–Beziehung* von enormer Wichtigkeit und deshalb wird diese als lebenserhaltende Beziehung besonders gepflegt. In einem *matriarchalen* Haushalt, sorgen *alle Frauen, aller Generationen* gemeinsam für *alle Kinder.*

Anders ausgedrückt, sind alle Mütter einer Sippe für alle Kinder der Sippe *gleichberechtigte* Mütter, das gilt ebenso für die *Großeltern* und *Mutterbrüder*. Der Begriff *Mutter* bezieht sich auf *alle Frauen* der Sippe, *gleich* welcher Generation, zusammen.

Alle aus einer Verbindung zwischen Mann und Frau stammenden Kinder, verbleiben im *Haushalt der Mutter*. Die Brüder helfen ihren Schwestern, die Kinder aufzuziehen. *Männer* sind also zuständig für ihre *Nichten* und *Neffen* (das sind nämlich die Kinder, mit welchen diese die meisten Gene teilen), nicht für ihre eigenen biologischen Kinder.

In den Sprachen von *Muttergesellschaften* existiert kein Wort für Vater. Denn dort kümmern sich alle um die Kinder, verhalten sich quasi *mütterlich*. Egal ob *Jugendliche, Frauen* oder *Männer* - alle haben eine *Hegebeziehung* zu allen Kindern.

In *Mütterrechtsgesellschaften* stehen die *Kinder* also im *Zentrum* der *Gemeinschaft* und alle sind, neben der Lebensmittel- und Güterbeschaffung, vor allem damit beschäftigt, die Bedürfnisse der Kinder zu befriedigen. Kinder werden als *selbstbestimmte* Persönlichkeiten respektiert und die Initiative liegt immer bei ihnen.

Die Kinder gehen z. B. auf eine Person zu wenn sie Hunger haben. Es gibt im *Matriarchat* kein System von Lob und Tadel, denn dieses würde die Entwicklung der Persönlichkeit negativ beeinträchtigen und ebenso zur *Fremdbestimmung* führen. In der *matriarchalen Erziehung* gibt es *keine* Gewalt, *keine* Strafen und *keine* Bevormundung. Niemand übt über andere Gewalt oder Herrschaft aus, nicht einmal die Mütter über die Kinder.

Die Frauen in *matriarchalen* Gesellschaften, scheinen ein hohes *psychologisches* Wissen bzw. große *Kompetenz* im psychologischen Bereich zu besitzen. Wahrscheinlich wird durch bewusste Vermeidung von Machtausübung über andere, das Denken in Hierarchie und deren sozialschädliche Konsequenzen wie z. B. Konkurrenz und Egoismus, von vorneherein vermieden.

Die Frauen sind in *matriarchalen* Gesellschaften gute *Vorbilder*. Die Frauen sind *stark, solidarisch, lebendig, gefühlvoll, sympathisch* und haben große *emotionale* und *soziale* Kompetenzen.

Dies scheint dazu zu führen, dass die Kinder sich zu psychisch *ungeschädigten, freien* und *glücklichen* Menschen entwickeln, die *verantwortlich* sowohl mit sich selbst und *anderen* umgehen. Und somit scheinen *unsere Werte* hier wie *Prestige, Macht* und *Geld,* für solche wohl glücklichen Menschen, *uninteressant* zu sein.

Die Ökonomie im Matriarchat

Die *matriarchale* Ökonomie stellt eine *Subsistenswirt schaft* da.

In den meisten Fällen, handelt es sich bei *Matriarchaten* um *Agrargesellschaften*. Es gibt aber auch teilweise Viehzucht bzw. Jagd und Fischerei und mittlerweile wie z. B. bei den *Khasi* oder *Minangkabau*, moderne, matriarchale Stadtgesellschaften. Jedes Dorf bzw. Stadt, ist autonom und autark. Gibt es so etwas wie größere Organisationseinheiten, welche bestimmte Güter produzieren, bekommen diese nur das Geld, welches das Dorf bzw. die Stadt nach Deckung aller zu erfüllenden Aufgaben noch übrig hat.

Die *Frauen* haben im Matriarchat die *Kontrolle* über die wesentlichen *Lebensgüter*, sowie den *Grund* und *Boden*. Der Boden gilt im Matriarchat, als der *Leib der Mutter Erde* und ist deshalb *weder* käuflich, aufteilbar oder veräußerbar. Er wird stattdessen, zur *Nutzung* unter den *Sippen* oder manchmal auch unter *Individuen* verteilt. Jeder hat also ein Recht auf Boden bzw. dessen Nutzung. Aber dieses *Nutzungsrecht* gilt nur, solange der Boden auch *tatsächlich* bewirtschaftet wird. Ein weiterer deutlicher Gegensatz zu unserem System, in welchem Grund und Boden als Besitz Geldanlage oder Spekulationsgegenstand für diejenigen dient, die ohnehin schon mehr Geld angehäuft haben, als sie brauchen und jemals ausgeben können.

Das Ideal der matriarchalen *Subsistenzökonomie* ist die optimale *Verteilung* und der *Ausgleich* der erwirtschafteten Produkte und nicht deren Akkumulation oder das Streben nach Profit. Das oberstes Gebot, ist die *optimale Bedürfnisbefriedigung*, bei gleichzeitig *größtmöglicher Schonung* der *Natur*. Darin liegt auch die Begründung für die im Matriarchat übliche *Geburtenkontrolle*. Denn *achtlose Fortpflanzung* würde ja zwangsläufig zu *Ungleichgewicht* und *Schaden* führen.

Dies alles leitet sich aus der *matriarchalen Spiritualität* ab. *Mutter Erde* wird ebenso verehrt und als *Lebensspenderin* angesehen, wie die *Göttin*. Deshalb ist der Respekt vor der Natur, die folgerichtig als *Lebensgrundlage* erkannt wird und erhalten werden muss, *selbstverständlich*. *Jede* Spezie, egal ob *Flora* oder *Fauna*, muss erhalten bleiben, und darf *niemals* durch Jagd oder Übernutzung des Bodens gefährdet oder gar ausgerottet werden. Hierfür tragen *alle*, und zu oberst die *Frauen*, Verantwortung.

Die Frauen arbeiten in der Regel mehr als die Männer, und *bestimmen* auch die Verwendung der erarbeiteten *Nahrungsmittel* und *Güter*. Jedoch sind *Güter* und *Nahrungsmittel Gemeineigentum*, die aber von den Frauen *verwaltet* werden. Ebenfalls sind *Felder* und *Häuser Eigentum* der *Gemeinschaft*. Das Gesetz der *Gastfreundschaft* gebietet, dass die Vorräte auch allen Gästen zur Verfügung stehen.

Es gibt zwar die *verschiedensten* Rollenverteilungen im wirtschaftlichen Leben, aber *ohne* Zwang und ebenso ohne eine Wertung. Die Frauen arbeiten in der Regel vor allem im oder um das Haus herum, aber auch mal auf dem Feld. Die Männer sind meist mehr auf den Feldern beschäftigt oder mit jagen oder fischen.

Im *Matriarchat* gibt es *kein* Wort für *Arbeit,* denn man geht dort nicht wie bei uns tagtäglich einer *monotonen* und lediglich dem *Gelderwerb* dienenden Tätigkeit nach. In einer matriarchalen Gesellschaft, wird das getan, was zum Leben *notwendig* ist, man lebt dort einfach. Auch gilt bei der täglichen Arbeit das *Lustprinzip* und *nicht* der Zwang. Die Arbeit wird so einfach wie möglich organisiert, so dass es eine *Freude* ist sie zu verrichten.

Privateigentum geht, nach dem Tod des Menschen in die *Muttersippe* über, falls es nicht zur *Grabbeilage* wird. Diese Praxis dient zur *Vermeidung* von zu großen individuellen *Reichtum* über Generationen hinweg. Die Frauen hatten wohl den potentiell gefährlichen Kontext zwischen *Besitz* und *Macht* erkannt und schufen daher, das meist ungeschriebene *matrilineare Erbgesetz.*

Vorteile und Nachteile bzgl. Gütern oder Besitz, werden durch *soziale Regelungen* wieder *ausgeglichen*. So laden z. B. eher *wohlhabende* Clans bei *gemeinschaftlichen* Festen das ganze Dorf ein, was den Reichtum dieser Clans somit wieder vermindert. Dafür haben sie aber im Gegenzug sozusagen die „Ehre“, bzw. beträchtliches, *soziales Ansehen* gewonnen. In diesem Kontext könnte man die *Ökonomie* im Dorf als eine „Schenkökonomie” bezeichnen. Alternativ kann es auch als das Prinzip der „Freie Gabe” bezeichnen, weil es wie die *Mutter* das *Kind* mit der *Muttermilch* stillt, ohne etwas dafür zu verlangen funktioniert. Dies entspricht analog der *Mutter Erde,* denn auch sie gibt allen Lebewesen *bedingungslos* ihre Nahrung.

In *matriarchalen* Gesellschaftn, „arbeiteten“ die Menschen ungefähr vier Stunden am Tag. Der Rest des Tages dient der Pflege von *sozialen Kontakten* und der *Kultur. Matriarchale* Kulturen haben ein ausgeprägtes *Kulturleben.* Im Gegensatz zu unserem acht Stunden Arbeitstag, bei dem für anderes kaum noch Zeit bleibt und der darüber hinaus, häufig zu *Hektik* und *Krankheiten* führt. Und die geringe verbleibende Zeit, wird dann meistens mit *sinnentleerten* Handlungen wie *Fernsehen, Stammtisch* und *Alkoholkonsum* vergeudet.

Matriarchale Politik

Wie auf allen anderen Ebenen, ist auch die *Politik* - im *Matriarchat* total *verschieden* von der im *Patriarchat.*

Bei Völkern jenseits der Zivisilation und auch bei den *Musuo* in *China*, gibt es keine *geschriebenen* Gesetze, sondern die geltenden *Gebote* werden von einer Generation zur nächsten *mündlich* überliefert. Anders verhält es sich bei den *Khasi* in *Indien* und den *Minangkabau* in *Indonesien.* Die *Khasi* unterstehen den gesetzen ihres *Bundesstaates,* in dessen *Verfassung* ihre *matriarchale* Ordnung *verankert* ist. Bei den *Minangkabau* gibt es das *Adat,* welches ein *Gesetzestext* mit den prinzipiellen Regeln der *matriarchalen* Ordnung darstellt.

Im *Matriarcht* leben die Menschen in *Sippen* bzw. *Clans,* die *keine* uns bekannte Herrschaftsstruktur besitzen. Die *beiden* Grundpfeiler der matriarchalen Politik sind der *Konsens* und die *Egalität.*

Grundsätzlich kann man sagen, dass was Angelegenheiten *außerhalb* des Dorfes anbelangt, die *Frauen* für die *geschäftlichen* und die *Männer* für die *politischen* Dinge zuständig sind. Auch wenn im politischen Bereich den Männer eine gewisse Bedeutung zu kommt, so sind es aber auch hier wieder letztlich die *Frauen*, die *letztendlich* entscheiden.

Die *Sippe* stellt die kleinste *politische Einheit* in einer *ma-*

triarchalen Gesellschaft da. Alle anstehenden Entscheidungen, werden im *Konsens* getroffen. Um diesen Konsens zu erreichen, versammelt man sich im Kreis und bespricht sich. Alle bringen ihre Aspekte solange vor und bis sich ein Konsens gebildet hat. Kein Haushaltsmitglied darf mit seiner Stimme ausgeschlossen werden und auch *Kinder* sind bereits ab *13 Jahren*, Clanmitglieder mit *vollem* Stimmrecht.

Auf der nachfolgenden Ebene, dem *Dorf*, werden *Entscheidungsprozesse* durch einzelne *Sippenvertreter* weiter getragen, und sich dann im Dorfrat solange beraten, bis Einstimmigkeit hergestellt ist. Die *Männer* sind hierbei also zwar *Informationsträger* und für die *Kommunikation* verantwortlich, aber besitzen keine *Entscheidungsbefugnis*. Im Zweifelsfall bei Streitigkeiten, egal ob in der Sippe oder Dorf, ist es Aufgabe der *Matriarchin* der jeweiligen Sippe bzw. der *Dorfältesten*, diese zu schlichten bzw. eine *gerechte* Entscheidung herbei zu führen. In dieser Gesellschaftsform, ist eine *Herrschaft*, die auf *Befehl* und *Gehorsam* beruht, gar nicht erst möglich.

Die *wichtigste* politische Person, ist die *Matriachin* d. h. in der Regel die älteste *Sippen-* oder *Clanmutter*. Es kann aber auch vorkommen, dass eine Matriachin *gewählt* wird. Das Alter oder wie sie ins Amt kommt ist aber nicht das entscheidende. Worauf es ankommt, ist dass eine *kluge* und *kompetente* Frau ist. In ihrer Vorbildfunktion soll sie sich *freundlich*, *bescheiden*, und *achtsam* verhalten. Sie benötigt ein *gutes*

Herz, große *Weisheit* und die Fähigkeit Konflikte lösen. Diese Matriachin stellt quasi die *oberste* Autorität dar. Ihre wichtigste Aufgabe besteht darin, darauf zu achten, dass *alles* was lebt, also *nicht nur* die Menschen, zu seinem Recht kommt.

Die Matriarchin trägt die ebenfalls die *Gesamtverantwortung* für die Sippe, indem sie die gerechte Verteilung der Arbeiten, Lebensmittel, Produtionsmitteln und Güter bewältigt.

So können *Männer* in einer *matriarchalen* Gesellschaft z. B. *keinen* Krieg beginnen, weil alles dafür *notwendige* durch die *Frauen kontrolliert* wird. Die Frauen können Kriege schon allein dadurch verhindern, dass sie den Männern den Proviant verweigern. Desweiteren haben sie die Macht, unsoziale, wenig vorbildhafte männliche Vorsteher, abzusetzen.

Somit stellt die *Mutterschaft* zwar eine konkrete Macht dar, welche aber *keine* Herrschaft begründen will, weil die *matriarchale* Gesellschaft ja gerade auf *Konsens* und *Egalität* beruht. Abgesehen davon, dass Mütter scheinbar keine Herrschaft benötigen, ergibt sie für sie deshalb auch keinen Sinn, sondern wäre bzgl. dem Erhalt der Gemeinschaft sogar *kontraproduktiv*.

Im Matriarchat gibt es keine *Autokratie*, es gilt lediglich die *natürliche* Autorität der *Sippenmutter* und der *Dorfältesten*, deren Rat zwar durchaus stark ins Gewicht fällt, da man ihr vertraut. Wenn deren Rat befolgt wird, dann freiwillig – oder aber auch nicht – es gibt *keine*n Zwang. Es gibt *keinen* Erzwingungsstab, wie er für unsere patriarchalen Gesellschaften typisch. Die Ordnung im Matriarchat, erhält sich quasi durch die geltenden Gebote *von selbst.* In matriarchalen Gesellschaften gibt es entweder gar keine oder so gut wie *keine* Kriminalität.

Deshalb sind eine *Justiz, Gefängnisse* und *Polizei* überflüssig. In der matriarchalen Rechtssprechung, gilt das *Prinzip der Entschädigung* bzw. *Wiedergutmachung.* Im Gegenesatz zu unserem Prinzip der *Strafe*; bei dem die Opfer aber meist leer *ausgehen.*

Statt dass der Kriminelle Wiedergutmachung leisten muss, wird die Gemeinschaft noch durch die Gefängnisse zusätzlich belastet. Es gibt in matriarchalen Gesellschaften *keine* Strafe, sondern *Zeremonien* der *Reinigung,* durch die eine Person, welche Sitte und Brauch verletzt hat, wieder *gemeinschaftsfähig* werden kann. Nur wenige Ausnahmen wie z. B. *Mord, Brunnenvergiftung* oder *Vergewaltigung* gelten als schwerste *Verbrechen,* die mit dem dem Ausschluss aus der Sippe oder *bisweilen* dem Tod bestraft werden. Bei manchen Völkern gilt auch der Verstoß gegen das *Inzesttabu* als schweres Vergehen, das wie der *Muttermord* unsühnbar ist.

In einer *matriarchalen* Gesellschaft, können sich *Hierarchien, Stände* oder *Klassen* überhaupt nicht bilden. Warum auch? Es besteht *weder* ein Machtgefälle zwischen den Geschlechtern *noch* zwischen den Generationen. Ebenso werden auch Minderheiten nicht durch bei uns üblichen Mehrheitsentscheidungen ausgegrenzt bzw. übergangen. In unserem

Sprachgebrauch könnte man sagen, dass politische Entscheidungen in matriarchalen Gesellschaften, „basisdemokratisch" herbeigeführt werden. Und dadurch wiederum entstehen viele Probleme – die wir in unseren patriarchalen Gesellschaften kennen - erst gar nicht. So einfach ist das!

Existierende Matriarchate

In den folgenden Kapiteln, werde ich Ihnen nun *diverse Völker* bzw. *Ethnien* vorstellen, in welchen das *Matriarchat* heute noch besteht.

Dazu zählen vor allem die *fernostasiatischen*, wie die *Khasi, Musuo* und *Minangkabau*. Bei letzterem ist die *matriarchale* Tradition sogar trotz Einzug des *Islams* in *Indonesien* noch fast völlig intakt.

Dass es in *Indonesien* eine *matriarchale Kultur* gibt, ist nicht ganz so überraschend, wenn man weiß, dass Frauen dort *traditionell* hohes Ansehen genießen. Anders verhält es sich mit *Indien*, denn dort ist es genau *umgekehrt*. Ähnlich wie in *China*, werden dort *weibliche* Kinder nicht gerade geschätzt, teilweise sogar getötet. Und obwohl es in der Hindu-Religion als großes Glück gilt, von einem *weiblichen* Guru gelehrt zu werden, ist es ansonsten so, dass man *Indien* sagt, dass selbst der *dümmste Mann* immer noch *doppelt* soviel wert ist, wie die *klügste Frau*.

Aber auch in *Indien* hat sich, wie auch andernorts, die *matriarchale Tradition*, erfolgreich gegen *aüßere* Einflüsse, wie die die *Kolonieasationbestrebungen* der Briten oder auch die *Christinianisierung*, behauptet.

Auch auf dem *amerikanischen* Kontinent, sowohl auf dem

Nord- wie *Südteil,* gibt es *mariachale Kulturen* von *Indianerstämmen,* die nicht völlig von den weißen Eroberern ausgerottet wurden bzw. teilweise sogar von der Zivilisation unberührt geblieben sind.

Ein europäisches Matriarchat

Über das *einzig* matriarchale Volk in *Europa*, zu dem ich spärliche Informationen gefunden habe, sei hier kurz berichtet.

Die Samen

Nein, ich habe mich *nicht* verschrieben, dieses *indigene* Volk, mit ca. 140.000 Angehörigen im hohen Norden *Skandinaviens*, wird tatsächlich so bezeichnet. Früher waren sie als *Lappen* und deren Siedlungsgebiet, das sich von *russischem* Gebiet weiter über *Finnland*, *Schweden* und *Norwegen* erstreckt, als *Lappland* bekannt.

Die *tradiotionelle* Samen Gesellschaft, wird durch die *Großmutter* dominiert. In dieser Gesellschaft, die sich völlig um die *Rentierwirtschaft* dreht, ist es völlig klar, dass die *älteste* Frau den Haushalt zusammenhält und entscheidet was zu tun ist. Insbesondere entscheidet die *Großmutter* über die Angelegenheiten der *Kleidung* und *Hochzeit*.

Matriarchate in Fernostasien

In *Asien* gibt es sowohl die drei *größten* heute noch existierenden *matriarchalen* Gesellschaften, wie einige kleinere.

Die Mosuo

Aufgrund der vorsichtigen Öffnung *Chinas* für *Ausländer*, und auch wegen des enormen *Binnentourismus* von neugierigen *Chinesen*, dürften die *Musuo* mittlerweile wohl das bekannste *matriarchale* Volk sein.

Hoch in den Bergen in *Chinas Südwesten*, an der *tibetischen* Grenze, liegt ein See mit Namen „Muttersee" (Lake Lugug), in einem Gebiet, dass man „Königreich der Töchter" nennt. Dies ist das Land der *Musou*, ein Stamm, der eine stolze Seperation von den *ehtnischen Chinesen* aufrechterhält und einen Lebensstil hat, der dort *einmalig* ist.

In den *Musoufamilien* regieren die *Frauen*. Der *Besitz* liegt in den Händen der Frauen wird, *matrilinear,* alao unter den Frauen, vererbt. Die *Mutter* ist die *Chefin* im Haus und kümmert sich um alles. Alle Arbeit im Haus, wird von den *Frauen* erledigt, man lässt dies *keine* Männer machen. Wenn man zu beschäftigt ist, kommen andere Frauen aus dem Dorf und helfen.

Die *älteste Frau* ist jeweils das *Haushaltsoberhaupt*. Dieser sind alle Haushaltsmitglieder *beiderlei* Geschlechts untergeordnet. Sie entscheidet auch über ihre Nachfolge und bestimmt den Zeitpunkt dafür. Dieser Wechsel wird durch die Übergabe der *Schlüssel* zur *Vorratskammer* symbolisiert.

Eine *Sippe* besteht meisten aus drei manchmal auch vier Generationen: Die *älteste* Generation sind *Großmütter* und deren *Brüder*. Diese ziehen sich zwar mit fortschreitendem Alter, mehr und mehr aus dem aktiven Leben zurück, werden aber weiterhin wegen ihrer *Erfahrung* und *Weisheit* geschätzt. Sie übernehmen nur noch leichtere Arbeiten und beraten vor allem die anderen in der *Sippe* bei Entscheidungen.

Die wichtigste, weil *tragende* Generation, ist die *mittlere*. Sie umfasst *Frauen* und *Männer* im Alter von ca. 40-65 Jahren. Eine der Frauen ist die *Familienchefin* bzw. *Matriarchin*. Sie regelt alle Angelegenheiten, die zu regeln sind, behält den Überblick und *verwaltet* das *Geld*, das inzwischen auch bei den *Mosuo* Einzug gehalten hat. Wenn sie sich zu alt für dieses Amt fühlt, wählt sie eine ihrer Töchter als Nachfolgerin.

Die *jüngste* Generation besteht aus den jüngeren *Brüdern* und *Schwestern*. Sie arbeiten meist auf den Feldern oder in den Gärten der Sippe, manchmal betreiben sie auch Fischfang, einige Männer arbeiten auch außerhalb.

Man schläft bei den *Musuo* in *Gemeinschaftsräumen*. Aber Frauen im *gebärfähigen Alter* haben das Recht auf ein *privates* Schlafgemach. Hier kennt man keine *formale Ehe,* die erwachsenen Kinder leben im Haus der *Mutter,* der *Vater* bleibt im Haus *seiner* Mutter. Abends besucht dieser die Frau, was man *Besuchsehe* nennt. In dieser gibt es keinen geteilten Besitz, gemeinsame Finanzen oder Sorgerecht für die Kinder und so gibt es auch keine Streitigkeiten.

Die Ehe wird als *unnatürlich* betrachtet und als *Gefahr* für die Familie. Sie pflegen die Besuchsbeziehung. Sowohl *Frauen* als auch *Männer* dürfen mit mehreren PartnernInnen *nebeneinander* oder *nacheinander* sexuelle Beziehungen pflegen, die keine Bestätigung von *dritter* Seite benötigen. Diese können von beiden Seiten ohne Umstände und *jederzeit* aufgelöst werden. Trotz dieser sozusagen „freien Liebe" kann man aber sicher nicht von *Promiskuität* sprechen. Nur wenige Frauen haben zur selben Zeit mehr als einen „Geliebten". Auch halten die Beziehungen meistens jahrelang – mitunter ein Leben lang.

Hierin unterscheidet sich die *matriarchale* Tradition der *Musuo* von *anderen Matriarchaten,* in denen auf welche Weise auch immer, *geheiratet* wird.

Diese *freien* Beziehungen können deshalb frei sein, weil die Menschen in ihrer *Sippe* integriert sind. Und so müssen die Frauen keine Angst haben, nach dem Ende einer Beziehung „sitzengelassen" zu werden, denn sie und alle Kinder werden in der Sippe versorgt. Konflikte durch sexuelle Beziehungsprobleme sind hier deshalb unbekannt, weil Partner immer von außen kommen.

Im Alter von *13 Jahren*, bekommen die *Mädchen* zur *Initiation* einen *traditionellen Rock*, der zeigt, dass sie nun *volljährig* sind. Sie bekommen ihr *eigenes Zimmer* mit einem *Schlüssel*, so dass sie Männer empfangen können, wenn sie es wünschen. Dies beginnt normalerweise mit 18 Jahren. Gelegenheit zum Knüpfen neuer Kontakte gibt es genügend, es werden viele *Feste* gefeiert, in denen *traditionellen Trachten* getragen und die alten Tänze getanzt werden.

Die Entscheidungen *außerhalb* der Großfamilie, was das *geschäftliche* anbelangt, treffen die *Frauen*. Die *Männer* hingegen sind für die *politischen* Entscheidungen im Kontext mit *anderen Sippen* bzw. dem *Dorf* zuständig.

Auch wenn dies zunächst etwas *anti-matriarchal* wirken

mag, stellt dieser Fakt keinesfalls das dortige Matriarchat in Frage. Es besteht *Matrilinearität, Matrilokalität* und ebenso die unabhängige *ökonomische* Stellung der *Frauen.*

Das Überleben dieses Lebensstils war nicht immer gesichert. Sowohl für die traditionellen *chinesischen*, aber insbesondere für *Moralvorstellungen* des *Kommunimus,* waren die *Besuchsbeziehungen* unannehmbar und sollten verschwinden. In den Jahren 1973/74 wollte die chinesische Regierung, die *Besuchsehe* verbannen und so wurden Paare *gezwungen* zu heiraten. Aber als die Dekade der Unterdrückung endete, nahmen die Menschen dort, ihre Tradition einfach wieder auf.

Die neue Strategie der *Toleranz* ethnischer Minderheiten, hat auch einen handfesten *ökonomischen* Grund: *Tourismus.* Die Gegend wurde zu eine großen *Touristenmetropole* gemacht. So wie *China* im Allgemeinen, war auch diese Gegend bis Anfang der 90'er Jahre, für *Ausländer* verschlossen. Während diese also erst seit relativ kurzer Zeit hier her gelangen können, strömen die *Chinesen* bereits in großer Zahl hierher. Um die 35.000 besuchen pro Jahr diese Dorf mit rund 800 Einwohnern. Für die *Chinesen* sind die *Musou* eine *Kuriosität.*

Der *Tourismus* hat das Dorf beständig verändert. Zuvor war es eines der ärmsten Gebiete *Chinas*, aber jetzt kann man mit dem *Tourismus* einem Tag soviel verdienen wie zuvor in einer Woche. Die *Elektrizität* hat bereits Einhalt gefunden, *fließendes Wasser* wird bald folgen. Es gibt ein *Internet-Cafe* und es werden *Hotels* für die *Touristen* gebaut. Der Tourismus hat aber auch *Schattenseiten* wie z. B. *Umweltverschmutzung*. Während man früher noch aus dem „Muttersee" getrunken hat, muss heutzu Tage, regelmässig Müll wie. z. B. leere Flaschen herausgefischt werden. Und man ist im Dorf dazu übergegangen, Wasser aus den Bergen zu trinken.

Die Tibeter

In *Tibet*, das seit geraumer *zwangsweise* zu *China* gehört, wird traditionell *Polyandrie* d. h. *Vielmännerei*, praktiziert. Eine Frau kann also mehr als nur einen Ehemann haben.

Die Ehe kann *diverse* Formen haben. Entweder werden zwei oder drei Brüder von derselben Frau geheiratet und der älteste wird der Haushaltsvorsteher oder eine Erbin nimmt mehr als einen Ehemann, welche in ihrem Haus leben und wo sie das Oberhaupt ist. Eine *monogame* Ehe ist aber ebenfalls möglich.

Die Minangkabau

Die *Minangkabau* sind eine *indonesische Ethnie* die auf der Insel *Sumatra* lebt. Mit über drei Millionen Angehörigen ist dies die *größte* noch existierende *matriarchale* Kultur der Welt. Allerdings nicht mehr in reiner Form, sondern seit dem Einzug des *Islams* in *Indonesien*, mit diesem vermischt. So übergibt deshalb z. B. der Vater die Braut, aber danach bleibt alles wie gehabt: der Mann wird geheiratet, nicht die Frau, er nimmt ihren Namen an und zieht zu ihr. Desweiteren ist es jetzt auch möglich, dass Männer *selbst* erworbenes Eigentum, an *Söhne* vererben können.

Die *Minangkabau* verstehen sich zum größten Teil als *orthodoxe Muslime*, folgen aber zugleich in unterschiedlichem Maß ihrem Gewohnheitsrecht (Adat), sie praktizieren also eine *patrilinear* ausgerichtete Religion in einer *matrilinearen* Gesellschaft.

Die *matrilineare Erbfolge* besteht aber nach wie vor und die Frauen besitzen im privaten Leben eine starke *Autorität*. Es besteht quasi eine *Doppelautorität*: Der Autorität der Frau zu Haus steht die *öffentliche Repräsentation* des Mannes gegenüber.

Doch durch die Bildung von *Kleinfamilien*, droht das ma trilineare Erbrecht, *Kernstück* des Adat, etwas unterminiert zu werden. Parallel dazu, haben sich auch die *matrilokalen* Wohnbedingungen verändert. *Traditionell* war der Wohnsitz von Frauen *matrilokal*, der der Männern aber *duolokal*. Letzteres hat sich zu einer Kombination aus *matrilokalem* Wohnsitz in *Kleinfamilien* umgestaltet.

Die *Minangkabau* haben *komplexe* gesellschaftliche Strukturen. Der *Adat* bestimmt neben der *matrilinearen* Erbfolge unter anderem:

- die *Unveräußerlichkeit* des Landbesitzes der Sippe
- die *Vererbung* immaterieller Adat-Titel mit Rang und Einfluss von Onkel zu Neffe in der *Muttersippe*
- die *Heiratsvorschriften*
- die *autonome* Regelung der *sozialen, politischen* und *ökonomischen* Angelegenheiten der Nagari in Adat sitzungen durch den *Ältestenrat* (Penghulu)
- die *matrilokale* Residenz
- die *Bekleidungsvorschriften* und *Festtagsregeln*
- die *Sprachvorschriften* für die Männer

- die *Selbstverteidigungskunst*
- die Vorschriften an *männliche* Jugendliche zunächst das *Mutterhaus* zu verlassen und in einem *Männer* haus (Islamisierung) zu leben und zu lernen.

Nach *Adat-Recht* sind sowohl *Land* wie auch *Produktionsmittel, Gemeineigentum*. Frauen und Männer erhalten *Nutzungsrechte,* über welche die *ältesten* Frauen und die *männlichen Vorstände* der *matrilinearen* Gruppen gemeinsam entscheiden. *Beide* Geschlechter sind somit *gleichermaßen* wirtschaftlich abgesichert. Männer wie Auch Frauen können über *persönliche Einkünfte* verfügen, bei ihrem Tod geht dieses ins *Gemeinschaftseigentum* über.

Frauen nehmen auf *Ceram,* an allen *öffentlichen* Angelegenheiten teil. Auf *Celebas* (Minahassa), werden sie in *politischen Geschäften* um Rat gefragt und sind ebenso in allen *öffentlichen Ämtern* vertreten, worin sie oft auch höhere *Au-*

torität besitzen als die Männer. Bei den *Dayak* auf *Borneo* sind sie die *unumschränkte* Herrscherin im Haus und oftmals auch im Stamm. Und sie begleiten ihre Männer sogar bei Kämpfen, übernehmen nicht selten sogar die militärische Verteidigung.

Die Provinz *Darek* liegt im *Herzland* der *Minangkabau*, im fruchtbaren Hügelland von *Padang* in *Westsumatra*. Hier leben die *Rantau*, ebenfalls im *Matriarchat*. Die *Rantau* gelten in *Indonesien*, als großes *Kulturvolk*, mit großer *Weltoffenheit*, hoher *Bildung* und *starker Wirtschaft*. Das Grenzland des Kerngebietes, mit nochmals drei Millionen Menschen, umfasst ganz *Ostsumatra*. Dort sind Frauen z. B. *Kaufleute* in der *Administration*, der *Wirtschaft* und in der *Politik* tätig - hier gibt es *keine* Berufe ohne sie.

Paruik (Mutterschoß) heißt die *Hausgemeinschaft* die mit 40, 60 oder 80 Personen, die aus drei *Frauengenerationen*, sowie *assoziierten* jüngeren *Brüdern* & *Söhnen* besteht, die im selben *Mutterhaus* leben. Die größte *soziale Einheit* ist die *Suku,* welche mehrere Linien umfasst und sich über mehrere Dörfer erstrecken kann. Alle Linien einer *Suku* führen auf eine *Ahnfrau* zurück. Bei der *Induah,* das ist die *clanälteste* Frau, laufen nicht nur alle *Verwandtschaftslinien* zusammen, sondern auch alle *Entscheidungsfindungsprozesse* des *Sippenhauses.* Sie ist mit ihrer *Autorität* das Zünglein an der Waage. Das *Rumah Adta,* das große Sippenhaus, eignet sich bestens für Versammlungen *basisdemokratischer* Natur.

Dieses gehört ebenso wie der Boden den Frauen und darf *nicht* verkauft werden, sondern kann nur *matrilinear* vererbt werden. Ferner schreiben die *Erbregeln* des *Adat* vor, dass Eigentum des Mannes, für *eine* Generation an seine Kinder geht, aber danach *wieder* ins *Eigentum* der *mütterlichen Sippe* zurückkehrt. Die *Minangkabau* sagen dazu: „Das Adat verwittert nicht im Regen und bekommt im Sonnenschein keine Risse!"

Der *Panghulu,* ein *Bruder* der *Induah,* ist die nach *außen* hin *vermittelnde* und *verbindende* Person. Dessen *Betragen,* muss *sanft* und *freundlich, duldsam* und *tolerant* und *würdevoll* sein, wie eine *gute Mutter.* Nur dann kann er als *Vorstand* die *Payung-Häuser* des *Dorfes* verbinden und nach außen *vertreten.* Dabei hat er jedoch *keine* Entscheidungsbefugnis, diese liegt im *Sippenhaus. Panghulu* zu werden, ist die *höchste Würde* die ein *Mann* erlangen kann.

Die Männer besitzen *keinerlei* Land und können auch des

sen Erträge *nicht* verkaufen. Der Handel liegt in den Händen der *Frauen*, die sich *autark* selbst versorgen können.

Daran scheiterte der *Zentralisierungsversuch*, nach *patriachlem* Vorbild von *Java*, ein *Königreich* über *Minangkabau* zu errichten. Die *autarken* Dörfer akzeptierten *keinerlei* Einfluss des *Königs* auf ihre Angelegenheiten. Er konnte nicht einmal eine Armee mit Steuern aufbauen, da die Frauen einfach am gemeinschaftlichem Sippenbesitz festhielten. Und so blieb das *Matriarchat* dort bis heute erhalten.

Indische Matriarchate

Auf dem *indischen Subkontinent*, gibt es fünf matriachale Volksgruppen.

Die Khasi

Die *Khasi* sind ein Volk im Norden *Indiens*. Die ca. 1,1 Millionen *Khasi*, leben überwiegend im Bundesstaat *Meghalaya*. Einige Tausend leben auch im benachbarten Bundesstaat *Assam* und noch weitere Zehntausend im angrenzenden *Bangladesch*. Das Wort *Khasi* bedeutet „von einer Frau geboren".

Die *matrilineare* Erbfolge dort, ist sogar in der *Verfassung* des Bundesstaates *Meghalaya* verankert. Somit ist dort die *wirtschaftliche* und somit auch *soziale Sicherheit* der *Frauen* geschützt.

Während der *Kolonialzeit Indiens*, versuchten die *Briten* gezielt die *männlichen* Häuptlinge zu stärken, umso den Einfluss der *Sippenmütter* zu untergraben. Doch der Versuch mißlang und die *Khasi* halten bis heute an ihren *matriarchalen Traditionen* fest.

Die hiesige Gesellschaftsordnung ist *matrilinear* und *matrilokal*, d. h die *mütterliche Abstammungslinie* (Erbfolge) dominiert und die *Wohnsituation* ist ebenfalls *Mutterzentriert*. Die *Kinder* werden also der *Mutter* zugerechnet und alle *Gü-*

ter, Rechte, Pflichten sowie *Privilegien* werden an ihre *Töchter* weitervererbt. Jeweils die *jüngste* Tochter, die sogenannte *Khaddu*, erbt das *gesamte* Vermögen und ist das *Oberhaupt* des ganzen *Familien-Clans,* sofern diese von der *Sippe* als geeignet dafür angesehen wurde.

Wichtigste *Ahnin* für jede *Sippe* ist die *Ka lawbei*, die *Urmutter* oder Gründerin der Sippe. Neben der *Sippenmutter* gibt es einen *Häuptling*. Zum *Sippenhäuptling* wird ein *Sohn* oder ein *Neffe* der *Sippenmutter*. Die *Sippenmutter* ist für *Haus* und *Familie* verantwortlich, der Häuptling hingegen, übernimmt *administrative* und *repräsentative* Aufgaben *ausserhalb* der Familie.

Das *Land* und dessen landwirtschaftlichen *Erträge*, sowie *Einnahmen* aus dem Handel gehören der *gesamten* Sippe und werden von der *Sippenmutter* verwaltet. Anders als z. B. bei den *Musou,* gibt es hier allerdings, wie auch bei anderen *indigene* Völkern, eine *strenge,* für einzelne Individuen kaum durchbrechbare und *geschlechtsspezifische* Arbeitsteilung.

Die *Khasi*-Frauen suchen sich ihre Partner, *nicht* umgekehrt. Und auch hier zieht der Mann nach der Hochzeit zu seiner Frau und nimmt ebenfalls *deren Nachnamen* an. Sehr streng befolgt man hier heute noch die *traditionelle Heiratsregel,* welche eine Eheschließung *innerhalb* derselben Sippe verbietet und mit der Verstoßung des Paares bestraft (Exogamie: Außenheirat).

Das *wichtigste Tabu,* ist auch heute noch das *Inzesttabu* -

Für ein Paar, das das *Inzesttabu* bricht, gibt es keine Absolution – die Frau wird aus der Sippe *verstoßen* und darf *niemals* zurückkehren, auch nach ihrem Tod nicht. Ihre Gebeine werden nicht im Familiengrab beigesetzt, womit nach dem Glauben der *Khasi* abgesichert wird, dass ihr Geist die *Sippe* nicht stört.

Auch hier gehört das *Land* z. B. *Plantagen* der *Frau*, ebenso die daraus erzielten *Erlöse*. Außer kleineren Dingen wie z. B. Schmuck, kennen die *Khasi* kein Privateigentum. Die jeweils *jüngste* Tochter, ist die so genannte *Khaddu*. Sie wird zur *Erbin* der Mutter und das bezieht sich nicht nur auf den Besitz, sondern auch auf deren Rolle als *Matriachin*. Die *Khaddu* wird fast wie eine *Prinzessin* behandelt und braucht *nicht* im

Haushalt mitzuarbeiten.

Auch bei den *Khasi*, liegt für die Frauen der Vorteil der *matriarchalen* Strukturen, in der *finaziellen Unabhängigkeit* und der daraus resultierenden *persönlichen Freiheit.* Kommt eine Frau mit ihrem Mann nicht mehr zurecht, was nicht selten vorkommt, kann sie ihn einfach verlassen und ihre Kinder behalten.

Das was ein Mann *vor* seiner *Heirat* an Vermögen erarbeitet, gehört seiner *Mutter*, das *nach* der *Heirat* Erarbeitete seiner *Ehefrau*. Tatsächlich verlassen *Khasi*-Ehemänner auch mal ihre Partnerin; aber die *Fürsorge* der *Mutter* der Ehefrau gleicht dies aus und führt sogar zu besseren Bedingungen für die *Kinder*. Die Kinder werden hier der *Mutter* zugerechnet und alle *Güter*, *Rechte*, *Pflichten* und *Privilegien* werden von dieser an ihre *Töchter* weitervererbt.

Obwohl die *Khasi* weitestgehend zum *Christentum* übergetreten ist, fühlen sie sich nach wie vor ihrer *Ur-Religion* verbunden: der *Mutter Natur*. Sie verkörpert das *Prinzip des Lebens*. Denn jedes Leben auf der Welt, entspringt dem *weiblichen* Körper. Der *christliche* Schöpfungsbericht der Bibel, wird hier einfach entsprechend der *matriarchalen* Kultur uminterpretiert. Hier hat Gott *Eva* eine Rippe entnommen und daraus *Adam* geschaffen.

Auch bei den *Khasi* spielt der *Tourismus* eine Rolle. Aufgrund der ungewöhnlichen *matriarchalen* Kultur, kommen *Touristen* ins Dorf um sich beispielsweise in den *traditionel-*

len Khasibekleidungen für festliche Anlässe, fotografieren zu lassen. Diese werden in der Familie von Generation zu Generation weitergegeben, zu kaufen gibt es sie nicht.

Die *traditionelle* Kleidung der *Frauen* besteht aus dem *Jimpien*, einem knielangen Stück Stoff, das um den Körper gewickelt und mit einem Gürtel und mit Spangen befestigt wird. Darüber wird eine weitere Stoffbahn geworfen, die frei über den Rücken und die Seiten fällt. Die traditionelle Tracht der *Khasi* – *Männer* wie *Frauen* – ist sehr bunt gefärbt, die Weberei wird mit komplexen, sehr bunten Mustern verziert.

Die Nayar

Die *Nayar* sind eine *Hindu-Kaste* im *südindischen* Bundesstaat *Kerala*. Die *Nayar*-Familien haben *traditionell* ein *matrilineares Verwandtschaftssystem*. Bezüglich der *Ehe* haben die *Nayars* ungewöhnliche *Sitten* und *Gebräuche*:

Nach ihrer *Pubertät* können ein *Mädchen* oder eine *Frau* eine Anzahl von sie besuchenden Ehemännern ihrer eigenen oder einer höheren Kaste empfangen. *Nayar-Männer* dürfen so viele Frauen von angemessenem Status besuchen wie sie wollen. Frauen werden von ihrer *matrilinearen* Gruppe unterhalten, und Väter haben *keine* Rechte oder Verpflichtungen in Bezug auf ihre Kinder.

Die Muria

Dies ist ein recht *weitgehend matriarchal* lebendes Volk,

südlich von *New Delhi* im Herzen *Indiens*. Sie leben noch immer so, wie sie es schon immer taten: von der Landwirtschaft und vom Jagen und Fischen. Ebenso haben sie eine Einrichtung bewahrt, der sie das *Privileg* verdanken, das glücklichste Volk auf Erden genannt zu werden: Das *Ghotul* - das Haus der Kinder.

Das Kinderhaus der Muria

In diesem *Kinderhaus* bestimmen die *Kinder* und *Jugendliche* alles selbst. Es wird zwar aus ihren Reihen je eine *Leiterin* und ein *Leiter* bestimmt, die aber *nichts* zu befehlen haben, sondern zum koordinieren und leiten von Diskussionen da sind.

Kleinkinder kommen ins Kinderhaus, wenn sie keine Windeln mehr tragen und fähig sind, die Sexualität ihrer Eltern mitempfinden können. Denn das soll *nicht* sein, da Sexualität *Intimität*, aber *keine* Zuschauer braucht.

Das gilt ebenso im *Kinderhaus*. Wenn *Jugendliche* miteinander schlafen, gehen sie nach draußen. Abendlich vor dem Zu-Bett-Gehen gibt es Diskussionen, wer mit wem ins Bett geht. Dabei geht es jedoch *nicht* um Sexualität im eigentlichen Sinne, sondern um kuscheln, zärtlich sein und z. B. Massagen. Es kommt auch vor, dass kleine Jungen mit großen Mädchen das Bett teilen oder umgekehrt.

Es gibt allerdings die Regel, dass ein „Paar" nicht öfter als dreimal nacheinander die Nacht verbringen darf. Das soll verhindern, dass in bereits in jungen Jahren feste Beziehungen entstehen, die sich dann eventuell, von der Gemeinschaft absondern. Im *Erwachsenenalter* dauert eine sexuelle Beziehung dann so lange, wie sie von beiden gewollt wird.

Die *Murias* sind der Meinung, dass Sexualität ein Hauptanliegen des Menschen ist, und dass die Gesellschaft ihre Harmonie nur erhalten kann, wenn dieser Primärkraft adäquat Platz eingeräumt wird. Anstatt also die Sexualität zu verdammen, zelebrieren die *Murias* diese im *Ghotul*. Tatsache ist, dass in diesem Paradies sexuelle Harmonie und Frieden regieren.

Es mangelt nicht an Beweisen für die Richtigkeit dieser These. Denn andere *ethische* Gruppen in *Indien*, haben eine hohe Quote von Kriminalität, Selbstmorden und sexuellen Vergehen. Bei den *Murias* hingegen, gibt es *keinerlei* Kriminalität - *keine* Prostitution, *keine* Homosexualität, *nicht einmal* Diebstähle. Hier leben - in Übereinstimmung mit offiziellen Statistiken, - die *friedlichsten* Menschen der Erde.

Die lebensbejahende Umgebung des *Ghotul*, ist anscheinend die Voraussetzung für die Entwicklung einer „ungepanzerten" Persönlichkeit, die weder äußeren Druck, moralische Vorschriften oder Zwangsmaßnahmen welcher Art auch immer benötigt. Diese Menschen haben ein harmonisches Verhältnis zur menschlichen und natürlichen Umwelt.

Die Zeit im *Kinderhaus* beinhaltet auch *Arbeit* am Tag – die Kinder übernehmen einen Teil der Feldarbeit des Dorfes und werden dafür mit allem Notwendigen versorgt. Eltern haben im Ghotul *nichts* zu sagen, ihre Autorität ist auf die Verwaltung der Gemeinde beschränkt.

Die Garo

Die *Garo* sind ein *indigenes* Volk im Grenzgebiet zwischen dem nordöstlichen *Indien*, im Bundesstaat *Meghalaya* und *Bangladesch*. *Meghalaya* bedeutet: Heimat der Wolken.

Die *Garo* befolgen eine *matrilineare* Abstammungsregel und auch die *matrilokale* Wohnfolgeregel für *Ehepaare*, d. h. auch hier zieht der Ehemann nach der Heirat, zur Frau oder deren Mutter. Die *Garos* leben als *Großfamilen* in großen Langhäusern.

Bei den *Garo* wird eine Tochter, gewöhnlich die *jüngste* als *Erbin* auserkoren. Für diese Erbin wird der Ehemann von den *Eltern* ausgesucht und der Bräutigam in einer feierlichen *Zeremonie* gefangen. Der Bräutigam darf dabei zweimal fliehen.

Der *jüngste* Schwiegersohn zieht ins *Elternhaus* seiner

Frau und wird der *Nachfolger* seines *Schwiegervaters* als Repräsentant der *Familie* der *Schwiegermutter*. Und wenn der *Schwiegervater* stirbt, heiratet dieser die verwitwite *Schwiegermutter*. Somit wird er sowohl der *Ehemann* der *Tochter*, wie auch der *Mutter*. Allerdings wird dieser Brauch, mittlerweile nach und nach ausrangiert. Die anderen *Töchter* wählen ihre Partner *selbst*. Die Initiative liegt hier *immer* beim Mädchen. Die Jungen haben sich *sittsam* und *zurückhalten* zu verhalten. *Unverträgliche* Ehen können aufgelöst werden und *uneheliche* Kinder sind *keine* Schande, falls es sich *nicht* um die Folge eines *Inzestes* in der eigenen *Sippe* handelt. Auch hier sind die *Heiratsregeln* also *exogam*.

Gelegentlich gibt es, aus *ökonomischen* Gründen, noch Fälle von *Mutter-Tochter-Polygynie*. Wenn z. B. eine *Frau* früh *verwitwet* und ihr Land nicht *allein* bestellen kann, hat sie das Recht, vom Clan des verstorbenen Ehemanns, *Ersatz* zu fordern. Dies ist bisweilen mit der Auflage verknüpft, dass die *Eheschließung* eine *Tochter* der *Witwe* einschließt.

Lakshadweep

In Sachen *indischer* Matriarchate, bleibt noch *Lakshadweep*, ein *indisches* Unionsterritorium, das von der *indischen* Zentralregierung verwaltet wird, zu erwähnen. Es umfasst die beiden Inselgruppen der *Lakkadiven* und *Amindiven* sowie die Insel *Minicoy* und hat eine Bevölkerung von ca. 65.000 Menschen.

Auch hier ist die Abstammung *matrilinear* und der Besitz der *Mutter* wird zu gleichen Teilen an die *Töchter* weitervererbt. Die *Heiratsregeln* sind auch hier *exogam*, d. h. der Partner muss *ausserhalb* der eigenen Sippe gesucht werden. Die Geburt in eine Sippe, berechtigt zur *Teilhabe* an deren *Besitz*, der meistens aus Land, Bäumen, Booten und Gebäuden besteht. Hier besteht wie auch bei den *Musuo* eine *duale Matrilokalität* oder anders gesagt die „Besuchsehe“ wird praktiziert.

Papua Neuguinea und das Matriarchat

Da *Papua Neuguinea* zwar auf der gleichen Insel liegt wie *Indonesien*, aber *geographisch* zu *Australien* gerechnet wird, behandle ich es in einem gesonderten Kapitel.

Die Tolai

Die *Tolai* sind ein *indigenes* Volk auf der Insel *Neubritannien*, im *Bismarck-Archipel* von *Papua-Neuguinea*.

Während die meisten Zweigruppen-Völker, in der Regel sowohl aus einer *mütterseitig* (matrilinear) und einer *väterseitig* (patrilinear) organisierten Großgruppe bestehen, leiten sich hier jedoch, beide Erblinien von zwei *Stammmüttern* ab.

Und so gibt denn auch nur die *Mutter* die Mitgliedschaft in ihrer Großgruppe an ihre Kinder weiter, *nicht* aber der Vater. Kinder gehören somit *ausschließlich* zu ihrer *Mutter*.

Die *mutterseitige* Verwandtschaft spielt auch heute noch eine *wesentliche* Rolle bei gegenseitiger Unterstützung und zeremoniellen Feiern, während die Verwandtschaft des Vaters *ohne* Bedeutung ist. Die Verwandtschaftsbezeichnungen der *Tolai*, entsprechen somit denen der *Irokesen* in *Nordamerika*: Die Kinder von gleichgeschlechtlichen Geschwistern der Eltern (Mutterschwester und Vaterbruder) haben dieselben Bezeichnungen wie die eigenen Geschwister. Im Unterschied dazu, stammen die *Cousins* und *Cousinen*, vom *Mutterbruder* oder von der *Vaterschwester* ab.

Geheiratet wird bei den *Tolai* nur *zwischen* den beiden Großgruppen, Ehen *innerhalb* derselben sind *verboten*, sie gelten als *Tabu* und werden mit einer *Verstoßung* aus beiden *Moieties* bestraft, früher sogar mit dem *Tode*. Ehepartner müssen *außerhalb* der eigenen *Abstammungsgruppe* gesucht werden, beide *Mütter* eines Ehepaares müssen *unterschiedlichen* Gruppen angehören.

Üblich ist ebenfalls die Zahlung eines „Brautpreises". Das Ehepaar gründet zumeist einen neuen Haushalt (Kleinfamilie) im Umkreis der Eltern des Ehemannes (*virilokale* Wohnfolgeregel), manche Ehemänner ziehen auch zur Ehefrau; es gibt diesbezüglich keine verbindlichen Vorschriften. Scheidungen sind *unproblematisch*.

Der angestammte Boden ist örtlichen *Vunatarai* zugeordnet, Untergruppen der *matrilinearen* Clans, die das Land verwalten. Die Leitung teilt den Gruppenmitgliedern Land zu. Obwohl *Männer* grundsätzlich *nicht* Teil der *mütterlichen* Erbfolge sind, können sie *einem* Sohn auf Lebenszeit zur Versorgung ein Landstück aus *ihrem* Clan übertragen.

Die Nagovisi

Die *Nagovisi* sind einer von drei Stämmen auf der autonomen Insel *Süd-Bougainville*, im Weste von *Neuguinea*, mit ca. 175.00 Einwohnern.

Die *Frauen* haben hier die *Autorität* über die *Gärten*, wo sie Süßkartoffeln und andere Nahrung anbauen. Die Ehemänner helfen ihnen hier nur bei schweren Arbeiten, wie z. B. dem Umgraben des Ackers.

Es herrscht dort sie Ansicht vor, dass die *Gartenarbeit* einen ebenso großen Teil der Ehe ausmacht, wie die gemeinsame *Sexualität*. Witwen wird bisweilen die Hilfe bei schwerer Arbeit im Garten verweigert, um sie zur *eneuten* Heirat zu bewegen.

Die *Frauen* arbeiten dreimal pro Woche im Garten, wo die Anwesenheit der *Männer* nicht zwingend erforderlich ist. Jede *Frau* hat das *unabdingbare* Recht, einen Teil ihres *angestammten Bodens* als Garten für den Nahrungsanbau zu nutzen und diesen an ihre *Tochter* zu veerben. Die *Männer* sind *abhängig* vom Nahrungsmittelanbau der *Frauen* und diese sind *stolz* auf ihre Verantwortung im Garten.

Wenn ein Paar *Streit* hat, hört der *Mann* auf *Kokosnüsse* von den *Palmen* der *Frau* zu essen. Manchmal weil sie es ihm verbietet, ein anderes Mal um ihr zu zeigen, dass er sie meidet. Ein *Versöhnungsakt* ist dann von Nöten, welcher das Geschenk eines Schweines von der Frau verlangt. Eine Weigerung wieder aus ihrem Garten zu essen, beutet dann die *Scheidung*. Für die *Nagovisi*, bedeutet eine *gute* Ehe: *Fleiss* bei der *Gartenarbeit*, die *Aufzucht vieler Schweine* und *große Feste* zu geben. Da die Institution der Ehe dort eine *fließende* Angelegenheit ist, bedeutet verheiratet sein, dass das Paar im selben Haus schläft, gemeinsam spazieren geht und der Mann im Garten der Frau arbeitet.

Die *Nagovisi* umfassen zwei große *matrilineare* Stämme, welche in zahlreiche kleinere *Marticlans* aufgeteilt sind. Ebenso wie die *Abstammung* und Erblinie *matrilinear* ist, so ist auch die Struktur der Wohnsituation *matrilokal,* d. h auch hier zieht der Mann bei der Heirat zur Frau.

Die Vanatinai

Vanatinai, (früher *Sudest* oder *Tagula*) ist eine Insel vulkanischen Ursprungs im *Südosten* des *Louisiade-Archipel* von *Papua-Neuguinea.* Sie ist die größte Insel des Archipels. Zur Volkszählung 2000 gab es auf der Insel 19 Dörfer mit insgesamt 2.440 Einwohnern.

Die *Vanatinai,* sind eine *matrilineare* und *dezentralisierte* Gesellschaft. Die *Kinder* gehören zur *Mutter,* ebenso wie der *Garten,* der auch hier eine große Rolle spielt.

Ebenso haben *Frauen* hier die *gleichen* sexuellen Freiheiten wie die *Männer.* Junge Menschen gelten hier als Erwachsen, wenn sie sich in einer *stabilen* Ehe befinden. Das impliziert, dass sie vorher durchaus schon verheiratet gewesen sein können. Nach der Hochzeit zieht der Ehemann ins *Elternhaus* der *Braut* um dort den *Brautdienst* zu leisten. Danach wechseln *beide* den Wohnsitz.

Obwohl hier der Schöpfergott *männich* ist, gibt es zahlreiche *weibliche* Geister und die „Weise Frau“. Beide Geschlechter können sich durch diverse Rituale und magische Praktiken mit diesen verbinden. Früher war die Kriegsführung den Männern vornehalten, aber dann wurden die Frauen auch hier in die Entscheidungsprozesse eingebunden.

Die Matriarchate der Indianer

Alle Matriarchate des *amerikanischen* Kontinents, be finden sich, im Gegensatz zu den *asiatischen* Matriarchaten, *abseits* der Zivilisation.

Nordamerika

Die Navajo

Die Navajo sind mit über 330.000 Stammesangehörigen das zweitgrößte aller *indianischen* Völker in den *Vereinigten Staaten*. Sie leben sowohl im *nordwestlichen New Mexico*, im *nordöstlichen Arizona*, im *südöstlichen Utah* und in anderen Teilen der USA.

Eine *Lokalgruppe* entspricht Anwesen von 10 bis 40 Familien. Die *Navajo* verteilen sich auf mehr als 50 *Klans*. Auch hier ist Familienstruktur *matrilinear*. Zudem sind die Klans *matrilokal* organisiert, der Ehemann zieht auch hier bei der Hochzeit zur Familie der Frau und deren Siedlung. Angehörige eines Klans dürfen untereinander *nicht* heiraten.

Grundlage der Gesellschaftsstruktur ist die *erweiterte* Familie, wobei auf die einzelnen Mitglieder festgelegte Pflichten entfallen. Frauen *dominieren* die *sozialen* und *wirtschaftlichen* Angelegenheiten, und das *Land* als auch die *Schafe* werden von den *Frauen* der Lokalgruppen kontrolliert.

Die Irokesen

Die *Irokesen* sind *nordamerikanische Indianer,* die ein zusammenhängendes Gebiet rund um den *Ontario-, Huron-* sowie den *Eriesee* in den Staaten *New York* und *Pennsylvania* sowie in Teilen von *Alabama* und *Georgia* und im südlichen *Ontario* und *Québec* bewohnen.

Dort gibt *matrilineale* soziale Strukturen, die Frauen besitzen das gesamte Familieneigentum und bestimmten die Verwandtschaft. Die *Frauen* bestellten ebenfalls die Felder, unter der Aufsicht einer *Clanmutter.*

Das *Oberhaupt* der Familie ist die *Frau* und die *Kinder* gehörten zur *mütterlichen Linie.* Das *Langhaus,* der *Boden* und die *Ernte,* dies alles ist *Eigentum* der *Frau.* Nach der Heirat zieht der Mann in das Langhaus seiner Frau. Das *Erbrecht begünstigt* die *Tochter* oder alternativ, das nächste *weibliche* Mitglied der Familie. Auch die Führung eines Langhauses hat eine *ältere Frau* inne.

Dasselbe gilt für den *Clan,* dessen führender *Frau* ein männlicher, aber von den *Frauen* gewählter *Häuptling* zur Seite steht. Überhaupt werden alle *wichtigen* Personen von *Frauen* gewählt. Und falls diese ihrer Aufgabe nicht gewachsen sind, können sie wieder abgesetzt werden. Ebenso können auch *kein Krieg* ohne *Einwilligung* der *Frauen* geführt werden und *Mütter* können ihrem *Sohn* auch die Teilnahme an einem Kriegszug *verbieten.*

Die Hopi

Die *Hopi* gehören zur Gruppe der *Pueblo-Indianer* und leben im *nordöstlichen Arizona*, im Reservat der *Navajo*.

Früher war die Erbfolge über die *Mütterlinie* hier die Regel. Die Bevölkerung war in 30 *matrilineare* Clans aufgeteilt, und diese wiederum in neun größere, *soziale* Einheiten, die *Clan-Verbände*. Von denen gibt es heute nicht mehr viele. Auch waren die *Hopi* früher strikt *matrilokal*, die Braut blieb im Haus ihrer Mutter. Dieser Brauch wird heute nicht mehr praktiziert.

Neben der üblichen *Hausarbeit* waren *Frauen* auch für die *Korbmacherei* und *Töpferei* zuständig oder *holten Wasser*. Gelegentlich beteiligten sie sich auch noch an der *Gartenarbeit* oder beim *Hausbau*.

Die Cherokee

Die *Cherokee* sind eine *matrilineare* Stammesgesellschaft, d. h. die Abstammung wird ausschließlich von der *Mutterlinie* abgeleitet. *Cherokeefrauen* haben *viele Rechte* und *Privilegien,* ausser ihren *häuslichen Pflichten*. Nicht nur, dass sie nach der Heirat den *Besitz* des *Heimes,* der *Pferde,* des *Viehs* und der *Felder* innehaben, sie nehmen auch an *Kriegszügen* und am *Kriegsrat* teil, sowie auch am *Friedensrat* danach. Der *Frauenrat* hatte z. B. die Macht über das Leben von Gefangenen. Das Oberhaupt der *weiblichen* Krieger trug den Titel „Beloved Woman“ d. h. „Geliebte Frau“.

Die letzte „Beloved Woman“ war *Ghighau,* alias *Nancy Ward,* die ihr Amt 1817 niederlegte. Sie verdiente sich diesen Titel dadurch, dass sie die Waffen ihres verstorbenen Mannes aufnahm und an Schlachten teilnahm. Sie war das *Oberhaupt* der „Beloved Women of Chota“, die *älteste Mutterstadt* der *Cherokee.* In dieser Position versuchte sie einen Friedensschluss mit den *Weißen* zu verhandeln, was aber scheiterte. Es dauert von da an 170 Jahre, bis die *Cherokee* wieder einen *weiblichen* Häuptling hatten, dies war *Wilma Mankiller,* die 1987 dazu erwählt wurde.

Die Tsimshian

Die *Tsimshian* sind eine Stammesgruppe im *pazifischen Nordwesten* entlang der *kanadischen* Provinz *British Columbia* sowie zweier Stämme auf im äußersten *Südosten* des zu den

USA gehörigen *Alaskas*.

Die *hierarchisierte* und *matrilineare* Gesellschaft unterteilt sich in einzelne *exogame* Hausgruppen, welche aus einer oder mehreren *verwandten* Familien bestehen, die ihre Abstammung auf dieselbe *Stammmutter* über die *Mütterlinie* zurückführen (matrilinear).

Da die *Tsimshian* gehen davon aus, dass jeder *Clan* auf eine *Stammesmutter* zurückgeht, erlauben ihre Heiratsregeln auch keine Heiraten *innerhalb* des *Clans*. Hierdurch sind sie gezwungen, ihre Ehepartner *außerhalb* des eigenen *Clans*, innerhalb ihres *Stamm* oder bei ebenfalls *matrilinear* organisierten *Clans* der *Nachbarvölkern* zu suchen.

Das führte im Laufe der Zeit dazu, das diese gegenseitigen *exogamen* Heiraten zwischen mehreren Gruppen zur Grundlage umfassender *Allianzen* zwischen *verschiedenen* Völkern wurden. Für diese Stämme war somit nicht die *ethnische* Abstammung vom Bedeutung, sondern *stattdessen*, die Zugehörigkeit zum *Clan der Mutter*. Da alle Stämme glauben, die *Clans* seien *untereinander* verwandt, können sie in Not- oder Kriegszeiten auch auf Hilfe von Clanmitgliedern von *benachbarten* Stämmen setzen.

Mittelamerika

Die Tehuantepec

Die *Frauen* sind hier der *Haushaltsvorstand*, *kontrollieren* das *Geld* und *repräsentieren* die Gemeinschaft *nach aussen*.

Nur die *Frauen* gehen auf den *Markt*. Es besteht eine *starke Solidarität* unter allen *Frauen* und besonders die *älteren*, genießen *hohes* Ansehen. Die Mehrheit der *Medzinleute* besteht ebenfalls aus *Frauen*. Die *Frauen* nahmen auch am Aufstand gegen die *spanischen Conquistadore* im Jahre 1660 aktiv teil.

Südamerika

Die Machiguenga

Die *Machiguenga* sind eine *südamerikanische* Ethnie mit ungefähr 10.000 Angehörigen, im *Regenwaldgebiet Perus*. Bereits seit 1572, wurde über die Jahrhunderte mehrfach versucht, die *Machiguenga* zu missionieren, jedoch *ohne* Erfolg.

Sie leben in Dörfern mit 3 bis 5 Haushalten und 20-35 Personen im *Dschungel*. Zur Ernährung betreiben sie *Argrarwirtschaft*, weil bei ihnen das Wild und die Fische *heilig* sind. Die *Frauen* sind *verantwortlich* für die *Kultivierung* des *Gartens* und die *Männer* helfen beim *Gartenbau*.

Die Wohnsituation nach der Hochzeit ist *neolokal*, d. h. das Paar baut sich sein *eigenes* Haus. Das Familenleben der *Machinguenga* ist *friedlich*. Die *Männer* sind *ruhig*, *zurückhaltend* und *großzügig* zu den Angehörigen. Sie sind *loyal* sowohl zur ihrer *Ursprungsfanilie* wie auch ihrer *erzeugten* Familie.

Ebenso haben die *Männer* eine *emotionale* Bindung zu ihren *Müttern*, *Schwestern*, *Frauen* und *Kindern*. Die *Väter* kümmern sich um ihre *Söhne*. Die *Machiguenga* sind in *sexuellen* Angelegenheiten etwas *schüchtern* und *Unzucht* ist *nicht* üblich. Die *Männer* sind nicht *aggressiv* oder *gewalttätig. Männer* die es werden, erfahren *Ablehnung* oder werden eventuell sogar *verstossen* oder gar *getötet.*

Die Yequana

Die *Yequana,* sind ein *indigener* Stamm, der im *südamerikanischen* Regenwald zwischen den Flüsse *Orinoco* und *Rio Caura* in *Venezuela* und *Brasilien* angesiedelt ist.

Hier wird nach der Geburt das *Kind nicht* von der *Mutter* getrennt, sondern erlebt die ersten Stunden in enger körperlicher Nähe mit ihr, um so den Schock der völlig neuen Umgebung verarbeiten zu können. Später wirde das Kind, solange es noch nicht krabbeln kann, überall mit herumgetragen und kann sich so in der Sicherheit der *mütterlichen Geborgenheit* an die vielen neuen Eindrücke der Umgebung gewöhnen.

Auch besteht hier *soziale Vaterschaft.* Als *Krabbelkind* kann das Kind ungehindert jederzeit zur *Mutter* oder zu einem anderen *Sippenmitglied* kommen, um gehalten oder mit Nahrung versorgt zu werden. Seine Gefühle äußert das Kleinkind *spontan* und *ohne* Scheu. Die *Erwachsenen* achten die *Selbständigkeit* des *Kindes,* indem sie ihm immer nur dann Zuwendung geben, wenn das *Kind* es will.

Kein *Kind, Jugendlicher* oder *Erwachsener* wird zur Arbeit *gezwungen,* aber sie haben den *Wunsch,* sich nützlich zu machen und sich an Aufgaben zu *bewähren.* Mit „Arbeit" ist jedoch nicht unsere, meist *sinnentleerte* Berufsarbeit gemeint, die nur dem Zweck des *Geldverdienens* gilt. In der Sprache der *Yequana* gibt es *kein* Wort, das unserem Begriff „Arbeit" entspricht. Ihre Maßstäbe unterscheiden sich *völlig* von unseren. Man tut dort das was *nötig* ist, mit *Freude,* und auf die *einfachst* mögliche Art und Weise.

Die Campas

Bei diesem *Indianerstamm,* der im *Amazonasbecken* in *Brasilien* angesiedelt ist, verhält es sich wie bei den *Yequana.* Auch hier lebt man *matriarchal* und betreibt ebenso *Subsistenzwirtschaft,* d. h. es geht nicht um die Anhäufung von Gütern oder gar darum damit Profit zu erzielen, sondern es geht darum, die Gleichheit und somit auch *Freiheit* eines jeden Mitgliedes der *Gemeinschaft* zu gewährleisten. Man ist darauf ausgerichte, alle Bedürfnisse mit *geringstem* Aufwand zu befriedigen.

Es fehlt diesen Menschen an *nichts.* Zwar *könnten* sie problemlos das Mehrfache davon haben - aber *wozu*? Sie lehnen es ab, Profit zu machen. Denn das wäre *der Anfang vom Ende* der *Gleichheit* und könnte die *Gemeinschaft* zerstören. Sollte z. B. ein *Häuptling* seine Stellung missbrauchen, um zu Güter horten und daraus Macht zu erlangen, würde er von der Gemeinschaft *verstossen* werden.

Die *weiblichen Leistungen* der *Lebenserhaltung* werden hoch *geachtet.* Als man den Häuptling Curaca fragte, wer denn wichtiger sei, *Mann* oder *Frau,* antwortete er: „Die *Frau* natürlich. Sie hält die Gemeinschaft zusammen, pflanzt sie fort und bestellt die Felder, die uns ernähren. Auch der Mann ist unersetzbar, doch die *Frau* trage die *Verantwortung*."

Die Warao

Die *Warao* sind ein *indigenes Volk Südamerikas*, welches in *Venezuela* im Flussdelta des Orinoco (gegenüber der Insel Trinidad) und angrenzenden Gebieten lebt. Mit ihren rund 30.000 Angehörigen, sind sie die *zweitgrößte indianische* Ethnie in *Venezuela*. Sie wurden niemals von den *Weißen* besiegt oder kolonisiert.

Die *Warao* sind eine *matrilokale* Gesellschaft, d. h., der Mann zieht nach der Hochzeit zur *Familie der Gattin*. Die Geburt von *Töchtern* wird als *wichtiger* angesehen als die eines Sohnes. Denn die *Tochter* ist es, welche die Schwiegersöhne und damit die Arbeitskraft in den Haushalt der Eltern bringt.

Traditionell muss der *Mann* ein Jahr lang für seine *Schwiegereltern* arbeiten, d. h. er muss u. a. ein *Haus bauen* und einen *Gemüsegarten* anlegen. Findet er aber mit seiner Leistung dabei nicht das Wohlwollen der *Schwiegereltern*, können diese ihre Tochter dazu bewegen, den Mann zu verlassen.

Bleibt die Ehe bestehen, bringt der *Mann* während dieser, den *Ertrag* seiner Tätigkeiten in den *Haushalt* der *Schwiegereltern* ein. Ein Recht auf das Haus, den Gärten oder gar die Kinder hat er allerdings nicht. Bei einer Trennung verbleibt der gesamte Besitz, wie auch die Kinder bei der Frau.

Auch hier erfolgt die *Vererbung* von *Besitz, Rechten* und *Privilegien matrilinear*, von der *Mutter* auf die *Töchter*, zumeist auf die *jüngste* Tochter. Ebenso sind auch hier die Heiratsregeln *exogam*, das heißt ein Ehepartner muss aus einem anderen Dorf kommen und darf nicht *direkt* verwandt sein. Bei einigen Untergruppen darf jedoch auch die *Cousine* bzw. der *Cousin* geheiratet werden.

Die Guajiro

Die *Guajiro* oder auch *Wayúu* genannt, sind ein *indigenes* Volk in *Südamerika*, dass auf der *Guajira*-Halbinsel, die zu *Kolumbien* und *Venezuela* gehört, lebt.

Dieses Volk ist *matrilinear* organisiert, d.h. die Linie der *weiblichen* Verwandten ist entscheidend und der Name, mit welchem jemand identifiziert wird, stammt von der *Mutter* ab. Heute existieren dort ca. 30 Sippen, die über das gesamte

Halbinselgebiet verteilt leben.

Zwischen den verschiedenen Sippen kann geheiratet werden (*Exogamie*) und in einer Siedlung wohnen Angehörige unterschiedlicher Sippen. In den Ehen herrscht hier allerdings, im Unterschied zu *klassischen* Matriarchat, die *Polygynie* vor, d: h. ein *Mann* kann mehrere Frauen ehelichen, was als Zeichen des Wohlstands gilt.

Die Geburt der *Kinder* findet im eigenen Haus statt und wird von der *Mutter* der *Frau* oder anderen nahen Verwandten begleitet. Zunächst werden die *Kinder* von der *Mutter* aufgezogen, im Anschluß verbringen *Jungen* eine Zeit beim *Onkel mütterlicherseits*, während *Mädchen* hingegen von einer *weiblichen* Verwandten aufgezogen werden.

Beim Übergang von *Pubertät* zu *Erwachsenenalter* durchleben *Mädchen* einen speziellen *Übergangsritus*; bei Jungen findet dies jedoch *nicht* statt. *Mädchen* werden zu Beginn der ersten *Menstruation* vom Rest der Familie *abgesondert* und verbringen mehrere Monate (geringer sozialer Status) oder Jahre (hoher sozialer Status) in einem abgetrennten Teil des Hauses.

Während dieser Zeit werden sie, von *weiblichen* Verwandten, in Aufgaben wie *Spinnen* und *Weben* unterrichtet, außerdem werden *Verhütungsmethoden* und *erotische Techniken* besprochen. Zu Beginn dieser Zeit werden die Haare des Mädchens geschnitten, und nur Familienmitglieder sowie potenzielle *Ehemänner* dürfen das Mädchen sehen.

Nach dieser Übergangszeit gilt das *Mädchen* dann als *Frau* im *heiratsfähigen* Alter und es wird eine Feier abgehalten, bei der sie ihre „Erwachsenenkleidung" anziehen darf. Heiratswillige schicken nun ihren *Vater* oder *Onkel* zur Familie der Braut, die den *Brautpreis*, meist in Vieh bezahlt, festsetzt.

Die Gepflogenheiten bzgl. der Ehe, sind allerdings kaum mehr als *matriarchal* zu bezeichnen. So kann der Mann sich scheiden lassen, wenn er meint, seine *Frau* vernachlässige ihre *häuslichen Pflichten*. Der *Brautpreis* muss an ihn zurückbezahlt werden. Falls der Mann stirbt, gehen alle Frauen an seinen Bruder über. Allerdings kann eine Frau sich auch *freikaufen*, indem sie dem Bruder ihren Brautpreis zahlt.

Afrikanische Matriarchate

Auch in *Afrika,* gibt es trotz *Islamisierung* und *Kolonisation,* noch vereinzelt *matriarchale* Völker.

Die Bijagós

Die *Bijagos* sind ein *westafrikanisches* Volk von etwa 33.000 Menschen, die den *Bissagos-Archipel* vor der Küste von *Guinea-Bissau* bewohnen.

Die *Bijagos* sind das einzige Volk *Guinea-Bissaus,* das in einer *matriarchalen* Gesellschaftsstruktur lebt. Die *Frau* ist *Oberhaupt* der Familie, sie sucht den Mann aus und kann mit *zwei* Männern gleichzeitig verheiratet sein. Sie kann sich auch von ihm *scheiden* lassen. Der Ehemann hat *keinen* Anspruch auf die *Kinder* und diese tragen den *Familiennamen* der *Mutter.* Die *Domäne* des *Mannes* ist der *Dschungel* oder die *See,* während die *Frau* für die Angelegenheiten des *Dorfes,* die *Kindererziehung* und die *spirituellen* Angelegenheiten zuständig ist.

Die Berber

Die *Berber* bewohnen der mehrere *nordafrikanische* Länder wie *Marokko, Algerien, Tunesien, Libyen, Mauretanien,* das *östliche Mali,* den *nördlichen Niger* und der *ägyptischen Oase*

Siwa. Es gibt etwa 18 Millionen ethnische *Berber*.

Auf altes *Mutterrecht* könnte hier wohl die *leichtere Scheidungsmöglichkeit* der *Frauen* wie auch weitere *Frauen* Entscheidungsbefugnisse als in *arabischen* Gesellschaften üblich, zurückzuführen sein.

Jedoch sind auch im Zuge der verstärkten Hinwendung zum *Islam* im Laufe des 20. Jahrhunderts, bestimmten *Frauen* zugestandene Freiheiten *verschwunden*. Dazu gehört z. B. in *Südalgerien*, dass *unverheiratete* Frauen, die *erotische Vergnügungstänze* aufgeführt haben, dies nun *nicht mehr* tun dürfen. Der weniger anzügliche *Fruchtbarkeitstanz* im *Osten Algeriens*, darf dagegen noch aufgeführt werden.

Als *Araber* erstmals im Jahre 683, die *Berber* angriffen, wurden sie von deren *Anführerin* im Widerstand *Kosaila*, geschlagen. Allerdings wurde sie drei Jahre später in einer

Schlacht getötet. Bei den *Berbern* legt man großen Wert auf *Prophetie*, also *Weissagungen* welche die *Zukunft* offenbaren. Es ist keineswegs ungewöhnlich, dass diese von *Prophetinnen* stammen, bei denen man *übernatürliche Kräfte* vermutet.

Die Saharawi

Die *Saharawi* in der *westlichen Sahara* respektieren *erfahrene Frauen*. Im Gegensatz zu den meisten *muslimischen* Kulturen, in denen eine *geschiedene Frau* eine *Paria* ist, werden sie bei den *Saharawi* mehr geschätzt als *Jungfrauen* und gelten als verlockender.

Eine *Scheidung* ist hier *keine große Sache* – das Paar stimmt überein, dass es nicht mehr geht und der Mann verlässt die Frau. Nach drei Monaten wird die Frau ein Fest geben, um ihren wieder gewonnen *Singlestatus* zu feiern. Dieser Zustand währt aber meist nicht lange. Meist findet sich schon bei diesem Fest eine neuer *Bewerber.*

Die *Frauen* nehmen hier ebenso eine *aktive* Rolle in der *Politik* ein. In der alten *Saharawi* Tradition, waren es immer *Frauen*, die *Verantwortung* übernahmen, indem sie z. B. *Ministerinnen* oder *Botschafterinnen* wurden.

Die Tuareg

Zu den *Berbern* gehören auch die *Tuareg*, welche allerdings *Nomaden* sind. Die *Frau* entscheidet hier, wen sie *heiratet* und sie darf ihren Mann *verstoßen*. Die Frau *empfängt* die *Gäste* und *überwacht* die *Zubereitung des Tees*.

Bei den *Tuareg* genießen die *Frauen* Freiheit im *Engagement* in *sexuellen* Beziehungen und dem Betreiben von *romantischen* Vorlieben. So empfangen sie z. B. männliche Besucher wenn ihre Männer *abwesend* sind. Sie behalten ebenso immer das *Sorgerecht* für ihre *Kinder*, auch nach einer *Scheidung*. Die *finanzielle* Sorge für die *Kinder* liegt bei den *Männern*, aber es ist bestimmt, dass diese, *natürlicher* Weise zur *Mutter* gehören. Die *Zelte* und ihr *Mobilar* sind persönlicher *Besitz* der *Frauen*. Wenn eine Frau sich scheiden lassen will, nimmt sie ihr Bett, das einzige Bett im Zelt, mit zum Zelt ihrer *Mutter*. Wenn es ihr wirklich ernst ist, platziert sie ihr Bett so, dass der *Mann* keinen Platz zum schlafen findet und bei seiner *Mutter* unter kommen muss.

Togo

Bleibt in *Afrika* noch das *westafrikanischen Togo*, mit ca. 6 Millionen Einwohnern, zu erwähnen. Hier haben die *Frauen* die *Konntrolle* über den größten Teil des *Handels* während die *Männer* die Domäne der *Politik* besetzen. Ausserdem sind die *Frauen* hier auch die *leitenden religiösen* Personen.

Matriarchate der Antike

In diesem Kapitel, werden bereits *untergegangene* Kulturen mit mehr oder weniger *matriarchalen* Elementen behandelt.

Die Meroë

Die Zivilisation der *Meroë* im *südlichen Ägypten,* welche von 300 v. Chr. bis ins 2. Jahrhundert bestand, hatte *viele weibliche* Führer und zwar so viele, dass viele glauben, dass es dort gar *keine* männlichen Führer gab. Die *Ägypter* nannten dieses Land *Kush.* Die dritte Herrscherin war die *große* Königin *Bartare* die von 284 bis 275 v. Chr. regierte. Ihr Grab wurde in einer Pyramide gefunden.

Die Ägypter

Die *Frauen* im antiken *Ägypten* scheinen die selben *gesetzlichen* und *wirtschaftlichen* Rechte wie Männer besessen zu haben. *Diodorus von Sizilien,* der *Ägypten,* um ca. 60 v. Chr. einige Male besucht hatte schrieb, dass die *Ägypter* ein Gesetz haben welches es den *Männer* erlaubt, ihre *Schwestern* zu heiraten. Er fügte hinzu, dass es ordiniert war, dass die *Königin* mehr *Macht* und *Ehre* haben sollte als der *König,* und das im *privaten* die *Ehefrau,* die *Autorität* über den *Gatten* haben sollte. Auch wurde hier die *Macht* über die *mütterliche*

Erblinie der königlichen Familie weitergegeben.

Das Königinnentum war die sterbliche Manifestation der weiblichen Macht und der feminine Prototyp, während der Pharao die männliche Macht und dessen Prototyp darstellte.

Einige *Frauen* erlangten die *Macht* als *Pharaonin*, die bedeutendste war *Hatshepsut*, die von 1503 bis 1483 v. Chr. regierte. Sie ließ große *Bauprojekte* ausführen und entwickelte den *Handel* und die *Agrarkultur*.

Ihre Regentschaft is als eine Zeit des *Wachstums* bekannt, aber ihr Nachfolger *Tuthmosis*, ließ vieler ihrer Statuen zerstören und beseitigte Inschriften welche ihrer Taten gedachten. Er ersetze ihren Namen mit dem seinem oder dem ihres Vorgängers. Während der *Ptolemäischen Periode*, hatte *Ägypten* zwei wichtige Königinnen von *griechischer* Abstammung: *Arsinoë* und *Cleopatra*.

Die Samoa

Samoa ist ein Inselstaat, der den *westlichen* Teil der *Samoainseln* umfasst und deswegen – bis 1997 offiziell – auch *Westsamoa* genannt wurde. Der Staat erlangte seine Unabhängigkeit von *Neuseeland* 1962.

Traditionell genossen die *Mädchen* und *Frauen* fast *göttliche* Verehrung. Aus diesem Grund hatten sie großen *Einfluss* auf ihre *Ehemänner* und *Verwandten* und durch diese auf die *Angelegenheiten* des *Staates*. *Titel*, *Ämter* und sogar der *Thron* stand ihnen offen.

Die vier *höchsten* Titel in *Samoa*, lassen sich auf die Linie einer *weiblichen Ahnin* zurückführen und die *Autorität* einer Frau, *Salmasona*, die im Jahre 500 v. Chr. diese Titel inne hatte.

Obwohl es gewöhnlicher Weise, mehr *Männer* als *Frauen* in *Führungspositionen* gab, mussten diese sich trotzdem mit der *Schwester* gut halten, denn ihr *Vetorecht* konnte sie zu einem *Freund* oder *Feind* machen. *Töchter* hatten einen höheren Status als ihre *Brüder*. *Politik* war eher die Arena der *Männer*, die *Religion* die der *Frauen*.

Matriarchat versus Patriarchat

Zum Abschluss dieses Buches, noch ein tabellarischer *Vergleich* bzw. eine *Gegenüberstellung* von *Matriarchat* und *Patriarchat*.

Matriarchat	**Patriarchat**
Muttertum als einigendes Prinzip	**Vatertum** als trennendes Prinzip
Innere Werte	**Äußere** Werte
Seins-Mentalität: Gesund heit Zufriedenheit, Glück	**Haben-Mentalität:** Erfolg, Leistung, Prestige
Muttersippe: Wer blutsverwandt ist, gehört zur Gemeinschaft	**Vater Staat:** Staatsbildung, Kämpfe, wer Staatsange höri ger ist und wer nicht.
Verbundenheit von allem mit allen	Das Prinzip **„teile und herr sche"**
Mitgefühl, Rücksicht, Heiligkeit und Unverletzlich keit des Weibes	**Skrupellosigkeit,** Gewalt Vergewaltigung = Kavaliers delikt
Der Mensch erkennt die Macht der Natur an.	Der Mensch will mächtiger sein als die Natur.
Frauen- und kinderfreundlich in allen Bereichen	Frauen- u. kinderfeindliche Einstellung
Sinnlichkeit: befreite Sexu alität,	**Askese:** lustfeindliche Moral
Mutter Erde: mütterliche Liebe, Mütterchen Russland, Metropole (Mutterstadt)	**Gott der Vater:** Herrenmensch, Herrschaft, Vater Staat

Matriarchat	Patriarchat
Achtung und Verantwortung, Gleichberechtigung, Frieden	**Imponiergehabe und** Hier archie, Macht Gewalt und Angst
Einsicht durch Verständnis in Freiheit, prinzipielle Abneigung gegen Befehle.	**Blinder Gehorsam** gegenüber Befehlen, selbst wenn diese Menschen schaden.
Das Leben ist heilig, auch das Andersdenkender.	Ritualmorde Andersgläubigen (Ketzer, Heiden).
Weltverständnis **= zyklisch** Von den Jahreszeiten der Natur abgeschaut	Weltverständnis **= linear** Von der Hierarchie abgelei tet (Höherkommen)
Weisheit und **Wissen** sind lebensnotwendig.	**Wissen** ist **Macht**, Weisheit sekundär
Denken ist **konkret**, anschaulich, „begreifbar", des halb nachprüfbar und für alle einsichtig.	Denken ist **abstrakt**, unanschaulich und deshalb oft bzw. für viele nicht nachprüfbar.
Die Natur hat Grenzen der Belastbarkeit und das wird respektiert	Alles ist machbar. Technologische Lösungen für angeblich alle Probleme
Mütterliche Prinzipien: Fürsorge, Teilen, Harmonie bedürfnis, Barmherzigkeit, Gleichgewicht der Macht wird angestrebt.	**Väterliche Prinzipien**: Imponiergehabe, Rangordnung, Gegnerschaft, Herrschaft, Konkurrenz, Macht über andere.
Der wirtschaftliche Vorteil ist mit höheren Positionen nicht verbunden.	Wirtschaftliche Vorteile für höhere Positionen gelten als zwingend notwendig
Gleichheit: Gleichwertigkeit/Egalität	**Hierarchie:** Minderwertigkeiten/Rang
Korruption bei weiblicher Verwaltung, sind fast unbekannt	Jeder bedient sich, so gut er es vermag und so lange es geht

Matriarchat	Patriarchat
Naturschutz: man lebt mit und von der Natur	**Naturausbeutung:** streben nach Profit
Mondrechnung des Jahres	Kalender nach **Sonnen**jahr
Der Wille des Einzelnen ist unantastbar = **Konsensens** entscheidungen	Der Wille des Einzelnen zählt nicht = **Mehrheitsbe-schlüsse**
keine Herrschaft = kein Erzwingungsstab	**Staatsmacht =** Gesetze, Polizisten und Gefängnisse
Keine Befehlsgewalt Die Matriarchin gibt Ratschläge, die jedoch nicht befolgt wer den müssen.	**Befehl und Gehorsam** er-fordern Zwänge, zu deren Durchsetzung ein Erzwing-ungsstab notwendig
Natürliche Autorität der Sippenältesten/Matriarchin durch Wissen, Er fahrung,	**Angemaßte** bzw. amtsge-bundene **Autorität** muss er-langt werden
Wenn es eine Königin gibt, ist die Erbfolge weiblich. Sie ist jederzeit, absetzbar.	Erbfolge in männlicher Li-nie. Regierungsdauer in der Regel bis zum Lebensende.
größtenteils **vegetarische** Ernährung	**Tierische** Ernährung weit verbreitet
Subsistenz: Ökonomische Selbstversorgung.	Arbeitsmarkt**abhängig,** da des Bodens beraubt.
Sozialwirtschaft	**Marktwirtschaft**
Dezentral mit regem Güter tausch	Drang zur **Zentralisation** (Globalisierung)
Die Mutter gibt Weisungen, die gehört, überdacht und nach eigenem Abwägen aus-geführt werden.	Vater gibt Gebote, die blind befolgt werden müssen. Wi-derspruch und Kritik sind unerwünscht.
Keine Prostitution für den Lebensunterhalt.	**Prostitution** muss oft den Lebensunterhalt sichern.
Keine Homosexualität oder sie wird toleriert.	Homosexuelle Strebungen mit starken **Tabus** belegt.

Matriarchat	**Patriarchat**
Mann hat „**Gastrecht**“ bei der Frau, die auch die Modalitäten bestimmt.	Mann hat das „**Hausrecht**“, ohne jedwede Einschränkung
Weibliche Kinder garantieren Fortbestehen der Sip pe, Freude darüber.	**Söhne** sind mehr erwünscht, Töchter sind weniger erwünscht,
weibliche, **gesicherte** Erbfolge	männliche Erbfolge mit der **Gefahr der Enterbung**
Lebendige, symbolträchtige Riten voller Tänze, Emotion und Lebensfreude.	Gottesdienste, Lebensfreude fehlt, Ruhe und Disziplin herrschen vor.
Keinerlei Verstümmelung der Genitalen	**Genitale Verstümmelung** bei Mädchen und Jungen.
Kein Jungfräulichkeitstabu	**Jungfräulichkeitstabu**
Es gibt **keine** professionellen „PriesterInnen“	Priestertum ist geregelter **Hauptberuf**
Freie Gabe der Mutter (Erde) die alles gebende Natur.	Alles muss **erkämpft** werden, Egoismus
Spirituelle **Verbundenheit** von Mensch und Kosmos, Mensch ist eingebundener Teil der Natur	Mensch steht über der Natur, alles Naturhafte ist minderwertig, primitiv und untergeordnet.
Achtung vor der uns versorgenden Erde und vor allem Leben. Deshalb keine Sklaverei und Naturzerstörung.	Die Erde und deren lebenserhaltende Gaben werden achtlos behandelt und ausgebeutet.
Akzent auf **Produktion**	Akzent auf **Konsum**

Epilog

Ich hoffe, dass es mir gelungen ist, allen LeserInnen ein en *kompakten* sowie *interessanten* Überblick über das *Matriarchat* vermitteln zu können.

Ebenso hoffe ich, dass die Ausführungen bzgl. seiner *Definition* plausibel waren, so dass das *Klischee* der „Frauenherrschaft", entkräftet werden konnte.

Wenn ich die Leserinnen dazu *anregen* bzw. *inspirieren* konnte, sich im *eigenen Leben* oder in *Gemeinschaft* mit anderen Frauen, aus dem *patriarchalen* System zu befreien, dann würde mich das sehr freuen.

Gleiches gilt jedoch auch für Leser, die erkannt haben, dass das Matriarchat *definitiv* das *bessere* Gesellschaftssystem ist und auch für Männer *keinerlei* Nachteile in sich birgt.

Die *Wiedererstehung* bzw. *Weiterverbreitung* des *Matriachts* wäre ein *Segen* für *alle* Geschöpfe: *Menschen, Tiere* und *Pflanzen,* sowie den gesamten *Planeten*. Vielleicht kann es ja wieder so werden, wie *Plutarch* es sagte: „ [...] dass in *Athen* die *Frauen* noch bis 300 v. u. Z. bei großen öffentlichen Prozessen die Entscheidung *bestimmten*."

Weitere Bücher des Autors:

Die sieben ‚Heiligen' Römischen Reiche

Taschenbuch 147 Seiten

ISBN: 9789461939777 Preis: 13,70 €

Assyrien – Ursprung der deutschen Völker

Taschenbuch 196 Seiten

ISBN: 9789461938510 Preis: 16,95 €

Vatikan – Wahrsagende Schlange

Taschenbuch 154 Seiten

ISBN: 9789462547216 Preis: 13,85 €

Die Verschwörung gegen das Haus Israel

Taschenbuch 134 Seiten

ISBN: 9789462547292 Preis: 13,35 €

Die ‚Vereinigten Staaten von Europa'

und der 3. Weltkrieg

Taschenbuch 174 Seiten

ISBN: 9789461938589 Preis: 16,40 €